FUSSBALLFAHRTEN
3
Warschauer Pakt

© Joachim Hesse 2014

Reiseberichte aus dem Osten

Der Autor:

Joachim Hesse, geboren 1979 in Frankenberg/Eder.
Mitglied von Borussia Mönchengladbach.
Schaut sich gerne Stadien an und anderen beim Fußball spielen zu.
Veröffentlichungen u.a. in *Sport-Bild* und dem Berliner *Tagesspiegel*.

Bisher erschienen:
KLEINSTADTKRACH
Bandbiografie mit Dennis Dippel (2008)
FUSSBALLFAHRTEN
Reise- und Fußballbuch (2009)
FUSSBALLFAHRTEN 2
Bericht von der WM in Südafrika (2011)

Sowie verschiedene Kurz-Krimis in der Reihe
„Lahn-Leichen"

Johesse@gmx.de

Herstellung und Verlag:

BoD - Books on Demand, Norderstedt

ISBN 978-3-7322-9973-7

Der Osten ist (zum Glück) immer noch anders und spannend, auch wenn die Dinge dort ab und zu nur einen anderen Namen haben. Bei Kulinarischem denke ich da vor allem an Bliny, Roster oder Bemme.
Die vielen Stadien aus der Zeit des Warschauer Pakts sind faszinierend. Etliche sind marode, manche wurden abgerissen und durch Neubauten ersetzt. Die Ränder der Städte sind oft durch riesige Plattenbausiedlungen geprägt. In den Zentren stehen noch häufig Statuen aus längst vergangenen Tagen des 20. Jahrhunderts, deren Kosenamen vielen im Westen nicht bekannt sind.
Den Menschen merkt man oft an, dass sie in den letzten Jahrzehnten nicht einfach alles kaufen konnten was sie brauchten. Oft behelfen sie sich mit einfachen Mitteln und kommen doch zum Ziel, auch wenn es dabei etwas rustikaler zugehen kann. Generell wirkt vieles entspannter, in dem Bewusstsein, dass alles schon irgendwie funktionieren wird. Die Leute sind häufig offener und herzlicher (wenn man sie nicht provoziert), vielleicht weil sie noch wissen, dass nicht jeder einem sofort etwas Böses will und man es gelegentlich mit Hilfe eines anderen leichter hat. Sie schauen nicht sofort weg, wenn man im Vorbeilaufen versucht Blickkontakt aufzunehmen.
Natürlich ist im Osten auch vieles günstiger, das fängt schon bei den Unterkünften an und setzt sich oft bei den Eintrittspreisen und Zugtickets fort, womit wir wieder bei DEM Thema wären.
Das alles ist Grund genug meine bisherigen Reisehöhepunkte aus dem Osten in einem Buch zusammenzufassen. Da könnte der Eindruck entstehen, dass im Osten alles besser ist. Alles nicht, aber lest selbst...

Joachim Hesse

Dänische Ehrenbürger   *Seite 08*
EM Polen/Ukraine
Dänemark – Portugal
13.6.2012
Griechenland – Russland
16.6.2012

Stein um Stein   *Seite 27*
auf die Elf vom Niederrhein
Regionalliga Nord
Rot-Weiß Erfurt –
Borussia Mönchengladbach II
5.8.2006

Sparklingwine-Charly   *Seite 31*
WM-Qualifikation
Russland – Deutschland
10.10.2009

Drei Punkte mal anders   *Seite 41*
2. Bundesliga
Dynamo Dresden – 1860 München
10.2.2006
Oberliga NOFV-Süd
Budissa Bautzen – Energie Cottbus II
11.2.2006
Oberliga NOFV-Süd
Sachsen Leipzig – FV Dresden-Nord
12.2.2006

(K)ein bisschen Frieden *Seite 49*
„Freundschaftsspiel"
Ungarn – Deutschland
29.05.2010

Roster & Bemme *Seite 60*
3. Liga
Chemnitzer FC – Arminia Bielefeld
16.3.2013
Oberliga NOFV-Süd
Wacker Nordhausen – Dynamo Dresden II
17.3.2013
2.Bundesliga
Dynamo Dresden – 1. FC Köln
18.3.2013
Regionalliga Nord/Ost
VFC Plauen – TSG Neustrelitz
20.3.2013
Freundschaftsspiel
VfB Auerbach – Dynamo Dresden
22.3.2013 in Grimma
Landespokal Sachsen
FC Eilenburg – Chemnitzer FC
23.3.2013

Bonus:
Prag (Remake) *Seite 96*
2. Liga Tschechien
Sparta Prag II – HFK Olmütz
24.4.2004, 10:45 Uhr
1. Liga Tschechien
Slavia Prag – Sigma Olmütz
24.4.2004, 14:25 Uhr

Dänische Ehrenbürger

Für unseren Trip zur Europameisterschaft 2012 gibt es drei Vorgaben: Sebastian und ich reisen erneut mit den öffentlichen Verkehrsmitteln, wollen in beiden Ländern mindestens ein Spiel sehen und das alles so günstig wie möglich. Die Anfahrt von Kassel nach Warschau mit dem Zug ist kein Problem, wenn man etwas Zeit mitbringt. Sebastian steigt in Berlin zu und weiter geht es Richtung Osten. Sebastian hat während seines Studiums einige Monate in Warschau verbracht, daher brauchen wir uns keine Gedanken um eine Unterkunft zu machen. Juka, ein Freundin aus dieser Zeit, überlässt uns ihre Wohnung, wir geben ihr pro Nacht zehn Euro.

Die Eintrittskarten für die Spiele haben wir wenige Monate vor Beginn des Turniers auf der Homepage des Veranstalters gekauft. Deutsche Spiele sind bei unserer Wahl kein Muss. Für 30,- Euro ergattern wir Dänemark gegen Portugal in Lviv (Ukraine) am 13. Juni und für den 16. Juni Griechenland gegen Russland in Warschau zahlen wir 70 Euro – beides zuzüglich Porto und Taschengeld für Herrn Platini.

Nach der Ankunft in Warschau beschließen wir, recht bald die Fahrkarten nach Lviv für das Spiel Dänemark gegen Portugal zu organisieren. Nach möglichen Zügen hatte ich vorab schon im Internet geschaut ohne zu ahnen, was uns noch erwarten würde. Je nach Verbindung war mit zehn bis zwölf Stunden Fahrtzeit zu rechnen. Ich ging daher felsenfest davon aus, Warschau am Dienstag gegen Abend verlassen zu müssen, um rechtzeitig zum Spiel am darauf folgenden Tag in der Ukraine zu sein.

Sebastian und ich gehen zum Hauptbahnhof, wo wir zunächst einen Informationsstand ansteuern. Während der

EM sind dort einige Jungs und Mädels beschäftigt, vermutlich Studenten, die auch als Dolmetscher mit Englisch- und leichten Deutschkenntnissen tätig sind. Wir tragen unser Anliegen vor: Fahrkarten von Warschau nach Lviv um rechtzeitig am Mittwoch beim Spiel Dänemark gegen Portugal zu sein, Rückfahrt so bald wie möglich nach der Partie. Wir werden freundlich und engagiert bedient und darauf hingewiesen, dass Tickets für Ziele im Ausland an den Schaltern 15 und 16 verkauft werden. Wir durchqueren die Bahnhofshalle und begeben uns zu den genannten Schaltern. Schalter 15 ist frei. Wie soll ich die polnische Bahnbeamtin, die uns dort empfängt am Besten beschreiben? Typ abgestumpfte, übergewichtige, deutsche Supermarktkassiererin, Alter Mitte Fünfzig. Die Dame ist zwar für die Auslandstickets zuständig, aber dem Englischen nicht mächtig. Egal, wird schon irgendwie gehen. Wir erzählen ihr also, zunächst auf Englisch, dass wir nach Lviv reisen möchten. Keine Chance, sie stellt sich stur. Sebastian versucht es mit ein paar Brocken Polnisch und Russisch, nichts zu machen, genervt gehen wir zurück zu unseren Studenten.

Die Anfrage beschäftigt gleich zwei der jungen Mitarbeiter, die im Computer nach Verbindungen suchen. Nach längerer Recherche lautet das vorläufige Ergebnis:
Hinfahrt-
Abfahrt in Warschau am Dienstag um 17:59 Uhr
Ankunft in Lviv am Mittwoch um 6:03 Uhr
Rückfahrt-
Abfahrt in Lviv am Mittwoch um 23:59 Uhr
Ankunft in Warschau am Donnerstag um 9:39 Uhr

Puh, wir atmen tief durch… Das sind dann ungefähr 42 Stunden vom Aufbruch in der Wohnung bis zur Rückkehr! Klingt spannend ☺ Sebastian und ich beschließen einen

Antrag auf die dänische Ehrenstaatsbürgerschaft zu stellen, sollten wir je wieder heil in Warschau ankommen. Wir sind bereit und für den Moment zufrieden damit, dass wir eine Chance haben es mit dem Zug zum Spiel zu schaffen und wieder rechtzeitig zurück kommen werden um auch das zweite Spiel sehen zu können. Bei diesem wird Sebastian, entgegen der ursprünglichen Planung leider nicht dabei sein können, da er zwischendurch nach Deutschland fahren muss. Er hat eine Einladung zu einer Lesung in Weimar, die er natürlich wahrnehmen möchte. Wir finden Ersatz für ihn, doch dazu später mehr.
Mit den Verbindungen in der Hand begleitet uns einer der Studenten erneut zu Schalter 15, mit ihm reihen wir uns in die Schlange der Wartenden ein. Wir legen der „Kassiererin" den Ausdruck mit den Fahrzeiten vor, er führt die Verhandlungen mit ihr. Von vorne herein ist sie von unserer scheinbar sehr ungewöhnlichen Anfrage nicht sonderlich begeistert. Sie schaut sich den Zettel mit den Verbindungen flüchtig an und spricht von da an nur noch mit ihrem Landsmann. Wir hören etwas von Lwiff und Lwuff. Der Student übersetzt, dass sie uns bei unserem ersten Kontakt nicht weiterhelfen konnte, weil sie uns nicht verstanden habe. Lviv wird im Ukrainischen Lwiff ausgesprochen auf Polnisch allerdings Lwuff, schreibt sich Lwow! Irgendwie klingt beides nur noch nach Waschmittel... Besonders Sebastian muss sehr an sich halten, ich stehe zu sehr unter Schock und bin zu keiner Reaktion fähig.
Missmutig beginnt sie etwas in ihre Tastatur zu tippen. Ja, diese Zugverbindung gebe es zwar, es seien allerdings keine Tickets mehr verfügbar. Wir sind verzweifelt, eine Achterbahn der Gefühle. Man fasst es nicht[1]. Es ist Fuß-

---

[1] Pepe Nietnagel, *Die Lümmel von der ersten Bank* (1967-1972)

balleuropameisterschaft und wir wollen doch „nur" mit der Bahn von einem Austragungsort zum nächsten fahren, beide Städte sind nur ungefähr 400 Kilometer von einander entfernt, da muss es doch eine Chance geben mit den öffentlichen Verkehrsmitteln anzureisen.
„Gibt es noch eine andere Möglichkeit?", fragen wir unseren Dolmetscher zurückhaltend. Er bringt uns zu einem weiteren „Service-Zentrum", es handelt sich um eine Art Reisebüro, bei dem Wartenummern zu ziehen sind und dann aufgerufen wird. Wir danken ihm für seine Hilfe, verabschieden uns, ziehen eine Nummer und setzen uns zu den ungefähr zehn bis fünfzehn Wartenden – uns gegenüber befinden sich fünf Beratungsplätze. An der Grenze zur Frustration harren wir der Dinge, die noch kommen mögen. Wir nutzen die Zeit um das Personal näher zu beobachten. Es versteckt sich nicht, wie die Kassiererin in der großen Halle, hinter Panzerglas und macht einen deutlich freundlicheren Eindruck. Unter den Beschäftigten befinden sich eine hübsche und eine sehr hübsche junge Dame.
Zwei Nummern bevor wir an der Reihe sind, nimmt ein Wartender seinen Aufruf nicht wahr. Wir nutzen die Gelegenheit und stürmen zu der sehr hübschen Blonden. Freundlich lächelnd nimmt sie unseren Ausdruck entgegen und beginnt ihren Computer zu bearbeiten. Eine direkte Verbindung ist tatsächlich nicht zu bekommen. Sie versucht uns über Umwege und Zwischenstationen ans Ziel zu bringen und hat damit Erfolg.

Nach einigen Minuten des Wartens und Bangens teilt sie uns schließlich mit, dass wir unser Ziel rechtzeitig erreichen werden. Die Hinfahrt führt uns über Krakau, dort werden wir uns die Nacht irgendwie um die Ohren schlagen müssen. Ankunft am späten Abend, Weiterfahrt am

nächsten Morgen um 4:59 Uhr. Diese sorgfältig ausgetüftelte Route führt uns nicht direkt nach Lviv, das ist tatsächlich nicht möglich. Sie lässt sich mit dem Abstecher nach Krakau beim Blick auf die Landkarte am Treffendsten mit dem Verlauf eines Ls beschreiben. Krakau ist der Knick des Buchstaben.
„Ich kenne jemanden in Krakau. Friedhelm kann uns mit Sicherheit ein paar nette Kneipen zeigen, die Nacht kriegen wir schon rum!", ergänzt Sebastian.
Nach Krakau werden wir einen weiteren Zwischenstopp in der polnischen Grenzstadt Przemysl einlegen und schließlich um 14:03 Uhr Ortszeit in Lviv ankommen, Spielbeginn ist 19:00 Uhr.
Die Rückfahrt wird nach dem Spiel um 2:02 Uhr beginnen. Zwei ein halb Stunden später, um 3:33 Uhr Ortszeit werden wir wieder in Przemysl sein. Anschluss um 4:45 Uhr nach Warschau, Ankunft dort am späten Vormittag.

Wir erhalten für jede Teilstrecke ein Ticket und verlassen so, mit jeweils einem halben Kartenspiel in der Hand, die Lokalität. Die Fahrt kostet pro Nase 70,- Euro, damit können wir leben, auch wenn das für polnische Verhältnisse kein Schnäppchen ist. In Deutschland hätten wir bei einer so kurzfristigen Buchung definitiv mehr bezahlt, dessen sind wir uns bewusst. Ende gut, alles gut. Wir verabschieden uns von der sympathischen Dame und sind wieder milde gestimmt.

Die Zeit bis zur Abfahrt am Dienstag verbringen wir damit Warschau zu erkunden, Sebastian zeigt mir das Haus, in dem er gewohnt hat. Besonders die Altstadt von Warschau begeistert mich sehr. Ich fühle mich an den Stadtkern von Basel erinnert. Auch die russisch geprägten Bausünden aus der Zeit des Kommunismus haben ihren Reiz. Besonders

der riesige Kulturpalast mit seinen 231 Metern Höhe beeindruckt mich.
Das erneuerte Nationalstadion ist wunderschön an der Weichsel gelegen. Bei Sonnenschein genießen wir die oft pilzlastigen polnischen Spezialitäten und lassen es uns gut gehen. Auf den öffentlichen Plätzen herrscht außerhalb der Kneipen striktes Alkoholverbot, wir sehen uns genötigt heimlich zu trinken.

Es ist unser Abreisetag. Abends findet in Warschau das von Polizei und Boulevard-Blättern mit Spannung erwartete Jahrhundertspiel zwischen Polen und Russland statt. Bereits zur Mittagszeit befinden sich Massen von Russen in der Stadt. Es wird viel getrunken und provoziert. Besonders auffällig ist ein teurer westlicher Geländewagen mit russischem Kennzeichen. Der Beifahrer guckt aus dem Dachfenster, trägt einen Helm (ich spreche nicht von einem Bauhelm) und schwenkt eine riesige russische Fahne, begleitend wird in Überlautstärke die Nationalhymne abgespielt.
Die Terminierung für dieses Match hätte ungünstiger nicht sein können. Am 12. Juni, dem Tag des Spiels, feiert Russland nichts anderes als den Nationalfeiertag, den „Tag Russlands" oder auch „Tag der russischen Nation" genannt.

Wir legen einen kurzen Zwischenstopp in der Wohnung ein, packen ein paar Kleinigkeiten für den 40-Stunden-Trip in unsere Umhängetaschen und haben vor mit der Tram vom Stadion zum Hauptbahnhof zu fahren um dort vor unserer Abfahrt noch Griechenland gegen Tschechien im benachbarten Hard-Rock-Café zu gucken. Doch unsere Pläne werden jäh durchkreuzt. Wegen der zum Stadion pilgernden Fans ist die Tramstrecke zum Bahnhof gesperrt. Also entscheiden wir uns zu laufen und haken Griechenland gegen Tschechien ab. Der Fußweg gestaltet sich ebenfalls problematisch. Es sind mittlerweile nur noch drei Stunden bis zum Anpfiff des Spiels Polen gegen Russland. Auf den Straßen ist die Hölle los. Polnische Fans, russisches Fans, Polizisten, Wasserwerfer, Straßensperren. Nur wenige neutrale Passanten sind zu sehen, alles strömt von der Innenstadt zum Stadion. Zwei Nordhessen auf dem Weg zum Bahnhof bilden da schon fast die Ausnahme. Auf der Weichselbrücke am Stadion kommt es zum Aufeinandertreffen der beiden Fanlager. Die Polizei macht die Straße komplett zu. Zwischenzeitlich ist kein Durchkommen mehr möglich. Es wird hektisch, Menschen laufen, Feuerwerksböller werden geworfen. Am Beginn der Brücke laufen wir entlang der Hänge, schlagen uns durch Gestrüpp. Am Rand bildet sich eine Gasse, sie wird von den Unbeteiligten genutzt und von der Polizei zugelassen.

So schnell wie es begonnen hat, ist das Spektakel aber auch schon wieder vorbei. In der Mitte der Brücke posieren die normalen Fans aus beiden Ländern mit Trikots und Schals für gemeinsame Erinnerungsfotos. Nur noch ein Mal, kurz vor dem Bahnhof, kommt es zu einem weiteren kleinen Scharmützel, bei dem eine Person verletzt wird, Polizisten und Anhänger rennen und ein Böller wenige Meter neben uns los geht.

Schließlich erreichen wir unversehrt den Bahnhof und verlassen die Stadt zunächst in Richtung Krakau, noch 22 Stunden bis zum Anpfiff in Lviv. Im Zug, in den Bahnhöfen unterwegs, eigentlich entlang der gesamten Strecke erleben wir ein Kontrastprogramm zu den Turbolenzen auf dem Weg zum Bahnhof: Es ist kaum ein Mensch zu sehen! Das Land scheint leer gefegt. Polen gegen Russland zieht alle in seinen Bann. Darüber hinaus erinnert uns die Landschaft sehr stark an die nordhessische Heimat.

Am späten Abend treffen wir Friedhelm, Sebastians Bekannten, im Zentrum Krakaus. Er kommt mit nassen Haaren auf dem Fahrrad angebraust. Die Stadt ist sehr jung. Bei den vielen Studenten scheint Friedhelm exakt das Durchschnittsalter zu repräsentieren. Er führt uns in die erste Kneipe. Begleitet von brüllenden Beats trinke ich ein Bier, während sich die beiden alten Weggefährten schreiend unterhalten.
Wir ziehen weiter und entdecken plötzlich den Bus der englischen Nationalmannschaft. Kurzzeitig schmieden wir perfide Pläne, was man mit diesem Gefährt alles anstellen könnte.
Der zweite Laden sagt mir eher zu. Wir sitzen in einem Hinterhof, umgeben von alten Gemäuern. Erste Müdigkeit kommt auf, ich entscheide mich für eine Cola. Wir müssen schließlich noch eine Weile durchhalten. Nach einiger Zeit verabschiedet sich Friedhelm von uns, er muss am nächsten Tag früh raus.
Sebastian und ich unternehmen einen Rundgang über den riesigen Marktplatz, mich zieht vor allem die Marienkirche mit den beiden unterschiedlichen Türmen in ihren Bann. Da es in Strömen regnet suchen wir uns ein trockenes Plätzchen. In einem Straßencafé werden wir sesshaft. Bei Cappuccino und Cola machen wir es uns in den bereitliegenden Decken unter einem Schirm gemütlich, Sebastian gönnt sich sogar ein paar Züge aus seiner Pfeife.
Mehrere dutzend Polen lassen sich vom Regen nicht irritieren und feiern das Warschauer Unentschieden gegen Russland frenetisch. Stundenlang singen sie die Nationalhymne und bieten uns somit ein wenig Unterhaltungsprogramm. Nach zwei Minuten sind ihre Klamotten sowieso

bis auf die Unterhose durchnässt, aber an einem Abend wie diesem stört das nicht und zur Not wird mit freiem Oberkörper weitergemacht.

Mittlerweile sind es „nur" noch drei Stunden bis unser Zug um 4:59 Uhr Krakau mit Ziel Przemysl verlässt. Wir drehen noch eine Runde durch die Altstadt und begeben uns gemächlich zurück zum Bahnhof. Dort werden die drei EM-Sonderzüge von Przemysl nach Lviv stolz als „International Traffic" beworben, na herzlichen Glückwunsch. Kurz vor der EM hatte ich mir einen Groundhopping-Reiseführer für das Turnier in Polen und der Ukraine zugelegt. Für die Anfahrt mit dem Zug nach Lviv wird empfohlen, bis zur polnischen Grenzstadt Przemysl zu fahren, auszusteigen, die Grenze zu Fuß zu überqueren und dann im ersten Ort hinter der Grenze in den nächsten Zug einzusteigen. Das klingt zwar sehr verwegen und bietet bestimmt Potential für eine tolle Geschichte, diese Maßnahme war jedoch zum Glück nicht notwendig.
Außer, dass unser Zug spontan von einem anderen Gleis abfährt, gibt es in Krakau keine Unwägbarkeiten. In Pretoria hatten wir vor zwei Jahren ähnliches erlebt, in Krakau wird der Gleiswechsel unübersehbar mittels Anzeigentafel kommuniziert, also alles gut. Wir haben ein Abteil für uns alleine und kommen so zu drei Stunden Schlaf.
In Przemysl endet die EU und somit auch unser Zug. Wir werden von einer Promotion-Truppe empfangen. Man ist scheinbar stolz darauf „Part of the game" zu sein und verteilt an die Aussteigenden Flyer und kleine Fußbälle mit dem Logo der Stadt. Zusätzlich ist ein Mitarbeiter ausschließlich damit beschäftigt, seine Kollegen mit den Fans aus aller Herren Länder zu fotografieren. An einem Foto mit uns besteht kein Interesse. Wir sehen wie immer wie übliche Handelsreisende aus, Fachbesucher eben.

Auf dem Rückweg von einem Lebensmittelgeschäft kicken wir uns auf dem Kopfsteinpflaster den Ball zu. Dies hätte beinahe zum Abbruch unserer Tour geführt. Sebastian tritt beim Versuch eines Volleyschusses in den Boden, dem ersten Schock folgt zum Glück keine ernste Verletzung.

Die Weiterfahrt ist für 10:35 Uhr geplant. Mit jeder Minute die wir länger warten müssen, werden die Zugreisenden ungeduldiger, dies macht sich besonders bei den zahlreich vertretenen Dänen bemerkbar, auch sie sind Pünktlichkeit gewohnt. Die Polen, Ukrainer und die handvoll Portugiesen hingegen machen einen gelassenen Eindruck. Um 11:13 Uhr geht es schließlich weiter, zum dritten Mal in meinem Leben verlasse ich die EU auf dem Landweg. Ich bin auf die Grenzkontrolle gespannt. Nach wenigen Minuten hält der Zug. Zunächst sind die polnischen Grenzer dran. Sämtliche Pässe werden kontrolliert, die Zugfahrkarten müssen sogar zwei Mal vorgezeigt werden. Dann überquert der Zug die Grenze, erneuter Halt. Auch auf ukrainischer Seite werden sämtliche Pässe eingesammelt. Die Grenzbeamten tragen Uniformen wie zu Zeiten des Warschauer Pakts und schleifen ein ganzes Tierheim mit sich. Die Hunde sind aber auch süß, gerne werden scheinbar braune Cocker Spaniel verwendet. Ich fühle mich an den verstorbenen Hund einer Nachbarin aus Kindheitstagen erinnert. Wahrscheinlich setzt man absichtlich auf so eine liebenswerte Rasse, damit es bei den Bahnreisenden nicht zu Eskalationen kommt, wenn die Pässe eingesammelt werden. So wie jetzt. Zur Zeit bin ich nicht mehr in Besitz eines Passes, der befindet sich nun in ukrainischer Obhut. Die Damen und Herren verlassen mit den Dokumenten den Zug und begeben sich in einen 50er Jahre Plattenbau. Man kann sich auch Arbeit machen, wenn man nicht ausgelastet ist, denke ich mir. Kaum vorstellbar, dass

es einst innerhalb der EU, zum Beispiel an der deutschholländischen Grenze, Kontrollen dieser Art gab. Oder, dass es zur Ukraine ähnliche Kontrollen gibt wie bei der Einreise in die Schweiz, wenn auch dort ohne Cocker Spaniel.
Außer dem Einsammeln der Pässe, inklusive der Hundevorführung, wird noch ein weiterer Programmpunkt geboten. Ein besonders grimmig drein schauender Herr kontrolliert mit Hilfe eines überdimensionalen Zahnarztspiegels, ob unter den Sitzen im Zug Schmuggelware oder Drogen versteckt sind. Fündig wird er diesmal nicht. Schließlich erhalten wir unsere Pässe zurück und nehmen wieder Fahrt auf. Die komplette Grenzprozedur hat ungefähr anderthalb Stunden gedauert. Ich freue mich jetzt schon auf die Rückfahrt, dann findet diese Veranstaltung nämlich mitten in der Nacht statt.
In der Ukraine kann ich mir ein ausführliches Bild über die dortige Landwirtschaft Anno 2012 machen. Es sind auffallend viele Kleinbauern zu sehen, etliche von ihnen arbeiten noch mit von Pferden oder Rindern gezogenen Pflügen und mähen das Gras eigenhändig mit Sensen.
Immer wieder tauchen Häuser an der Bahnstrecke auf, die einzeln oder in kleineren Gruppen abseits der Orte stehen. Oft steht eine angebundene Kuh im Garten, dieser wiederum wird zu großen Teilen zum Anbau von Obst und Gemüse genutzt. So ähnlich muss es nach dem zweiten Weltkrieg in Deutschland ausgesehen haben. Obwohl, bei meinen Eltern ist das alles noch gar nicht so lange her. Als das Haus in den 70ern gebaut wurde, hat mein Opa wert darauf gelegt, dass die Möglichkeit bestand Erdbeeren oder Kartoffeln anzupflanzen, er kümmerte sich größtenteils um das Pflanzen und Ernten. Irgendwann wurde ihm dies zu mühselig und die Lebensmittel im Supermarkt zu günstig.

Am Nachmittag um kurz nach zwei erreichen wir den Bahnhof von Lviv. Wir befinden uns an historischer Stätte. Auf einem Metall-Schild ist auf Deutsch zu lesen, dass am 4. November 1861 der erste Zug aus Wien in Lviv angekommen ist. „Das hat den Anfang des Bahnverkehrs in heutzutagige Ukraine gemacht". Lviv, damals Lemberg, gehörte zur Habsburgermonarchie und von 1867 bis 1918 zur Österreichisch-Ungarischen Monarchie. Das im Jugendstil errichtete Bahnhofsgebäude aus dem Jahre 1904 ist ein gelungenes Beispiel für diese Epoche. Wir tauschen jeweils zwanzig Euro um und begeben uns zu den Bushaltestellen. Für einen Abstecher in die Innenstadt ist keine Zeit, da es nur noch etwas mehr als vier Stunden bis zum Anpfiff sind und wir keinen blassen Schimmer haben, wie lange wir mit den eigens eingerichteten Sonderbussen bis zum Stadion brauchen werden.

Die Busfahrt dauert fünfzig Minuten und führt uns an das andere Ende der Stadt. Die Arena wurde autofreundlich in der Nähe einer Autobahn angelegt, beim gegenüberliegenden Einkaufszentrum steigen wir aus. Die Entfernung zum Stadion ist nun eine kalkulierbare Größe, maximal sind es noch fünfzehn Minuten zu Fuß. Wir vertreiben uns die Zeit in einer westlich anmutenden Konsumhölle. Als Highlight entdecken wir einen Kaffee der Marke Bushido. Mit den umgetauschten zwanzig Euro können wir uns zwar ein paar Spezialitäten leisten, doch wir müssen uns auf das Wesentliche beschränken, denn es gibt noch eine unbekannte Größe: Besonders Sebastian ist es sehr wichtig nach dem Spiel so schnell wie möglich in die City zurück zu kehren um dort die Abendpartie des Tages, nichts geringeres als Deutschland gegen Holland, live irgendwo auf Großbildleinwand zusehen. Dazu wird wohl eine Taxifahrt nötig werden aber für ein Bier im Stadion sollte es doch trotzdem noch reichen.

Das Bier können wir uns locker gönnen! Für unglaubliche 1,50 Euro erhalten wir einen halben Liter Carlsberg. Das Stadion ist gut gefüllt. Überraschend viele Dänen und Portugiesen sind da, aber auch viele Einheimische. Wobei mir die anwesenden Ukrainer einen sehr wohlhabenden Eindruck machen. Ungewollt muss ich daran denken, dass in der Ukraine die Schere zwischen Arm und Reich immer stärker auseinander driftet und nur eine kleine Mittelschicht vorhanden ist. Die Plattenbauten in Sichtweite zum Stadion fallen mir besonders ins Auge. Viele der dortigen Bewohner können sich bestimmt nicht mal eben eine EM-Karte leisten.

Mit einer nervigen folklorelastigen Inszenierung, die man noch vor Jahren höchstens bei einem WM-Finale geboten bekommen hätte, zeigen UEFA und Staat schon vor der ersten Spielminute, dass alles bis ins Detail durchorganisiert ist. Einfach überflüssig dieser Zirkus! Es ist doch nur ein Fußballspiel – aber das ist es wahrscheinlich schon lange nicht mehr.

Wen wir bei Dänemark gegen Portugal unterstützen ist für uns keine Frage, natürlich die Mannschaft in der der verhasste und zum Überspieler gehypete Cristiano Ronaldo nicht spielt, also den Underdog, also Dänemark. Das Spiel ist lange Zeit offen, für kurze Zeit ist sogar eine Überraschung möglich. Da sich die Portugiesen zwischenzeitlich sehr von ihrem Gegner genervt zeigen, fühlen wir uns bis auf den Ausgang des Spiels gut unterhalten. Leider gewinnt Portugal knapp und aus unserer Sicht unverdient mit 3:2. Vielleicht ist unser Blick auf die Dinge auch einfach nicht ganz neutral und wir sehen bei den Dänen mehr Möglichkeiten, als tatsächlich vorhanden.

Während des Spiels redet Sebastian in einem Polnisch-Russisch-Mix mit seinem Sitznachbarn auf der anderen Seite, hin und wieder wird mir auf Nachfrage übersetzt.

Dann heißt es Abschied nehmen. Mittlerweile hat auch mich der Ehrgeiz gepackt, ich will rechtzeitig zum Anpfiff von Deutschland gegen Holland in der Innenstadt sein. Nach Ende der neunzig Minuten rennen wir aus dem Stadion. Da wir den langen Weg vom Oberrang zurück legen müssen, werden wir von Menschenmassen in Empfang genommen. Jetzt ein Taxi zu bekommen könnte spannend werden. Wir kämpfen uns durch bis uns die ersten Taxis entgegen kommen, allerdings entweder besetzt oder auf dem Weg zum offiziellen Taxistand. So scheinen wir nicht weiter zu kommen, die Zeit drängt. Todesmutig werfen wir uns vor das nächste freie Taxi. Der Fahrer bremst abrupt. Er sieht die Panik in unseren Augen und gewährt uns, nachdem wir ihm kurz erklären wie ernst die Lage ist, Einlass in seinen Skoda.

Das Fahrzeug ist nicht mehr das jüngste, macht nichts, Hauptsache wir kommen rechtzeitig und überhaupt irgendwo an, wo wir das Spiel sehen können. Der Innenraum des Fahrzeugs ist von Benzingeruch erfüllt. Sebastian und ich gucken uns mit großen Augen an. Wir schauen uns um, damit wir weitere Spezialeffekte entdecken können und werden schnell fündig. Wie bei einem Suchbild fallen uns vier weitere Dinge auf: 1. Der Kilometerstand beläuft sich auf mehr als 280 000. 2. Das Fahrzeug wird ohne Zündschlüssel betrieben. Kabel hängen frei unter dem Lenkrad, das Auto ist kurzgeschlossen. 3. Die Windschutzscheibe hat den größten Riss den ich jemals bei einem fahrenden Stück Glas gesehen habe, ein Mal von oben rechts im Zick-Zack nach unten links. Punkt 4 (und mein persönliches Highlight): Damit wir geradeaus fahren können, muss der Fahrer das Lenkrad so halten, als würde er in eine starke Linkskurve steuern.

So geht sie los unsere rasante Fahrt. Der Fahrer weiß was wir wollen und wie schnell wir es wollen. Er donnert mi-

nutenlang über die asphaltierten Straßen der Außenbezirke bis die Straßen enger werden und es mit Karacho über grobes Kopfsteinpflaster geht. Ich habe zwar keine Todesangst, mache mir dennoch große Sorgen um die Windschutzscheibe und dass wir eventuell aufsetzen könnten. Doch es geht alles gut! Rechtzeitig zum Beginn des Spiels sind wir in der Fanzone der Altstadt angekommen.
Leider wird unsere und vor allem Sebastians Freude am 2:1 etwas getrübt. In der ersten Halbzeit stehen einige junge Erwachsene in unserer Nähe. Als sie mitbekommen, dass wir Deutsche sind, versuchen sie mit Sätzen wie „Ah Sweinsteiger, Sweinsteiger" Kontakt zu uns aufzunehmen. Wir widmen uns ihnen nur geringfügig, das Spiel interessiert uns mehr. In der Halbzeit will Sebastian für Getränkenachschub sorgen. Ich bleibe an unserem Platz stehen, damit wir auch in den zweiten 45 Minuten gute Sicht haben.
Aufgebracht kehrt er mit Bier in der Hand zurück und schildert seine Erlebnisse. Die „Ah Sweinsteiger, Sweinsteiger"-Leute sind ihm gefolgt und haben ihn bedrängt, dass er ihnen Bier ausgeben solle. Er habe ihnen daraufhin überdeutlich klar gemacht, dass er dies nicht tun werde. Ich kann mir lebhaft vorstellen, wie er die Herren angebrüllt hat, wahrscheinlich auf Deutsch und diese nicht wussten wie ihnen geschieht. Da waren sie eindeutig an den Falschen geraten.
Das Spiel ist aus, 2:1. Der Moderator des Public Viewing in Lviv richtet die letzten Worte des Tages an die Anwesenden Deutschen (neben Sebastian und mir sind es noch ein paar wenige): „Congratulations Bundesmannschaft".

Wir beschließen den Abend ruhig ausklingen zu lassen und noch ein Bier auf den Sieg der Nationalmannschaft zu trinken. Die Buden der Fanzone schließen allerdings schon wenige Minuten nach Ende der Partie, die Fans ziehen ab, Sicherheitskräfte nehmen ihren Platz ein. Wir können noch eben zwei Bier ergattern und setzen uns an den Rand einer Fanzonenbühne. Kaum haben wir uns hingesetzt werden wir auch schon vertrieben, die Ordnungskräfte drängen uns zu gehen, bald gehört das Areal ihnen und den Reinigungskräften.

Er ist zwar noch ein Stück entfernt, aber wir befinden uns mittlerweile in Laufweite zum Bahnhof. Da unsere eingetauschten 40,- Euro immer noch nicht aufgebraucht sind halten wir unterwegs Ausschau nach Möglichkeiten, diese unter das Volk zu bringen. Unser erstes Ziel ist eine Metzgerei in der wir eine Wurst, ähnlich der nordhessischen „Ahlen Worscht" erstehen, nach der Sebastian ja ohnehin süchtig zu sein scheint. Mmmh... immer noch zu viel Geld übrig. An einem Kiosk kaufen wir Getränke für die Rückfahrt aber auch damit kommen wir nicht wirklich weiter, so werden wir die Kohle nicht los. Zusätzlich gibt es noch eine Packung ukrainischer Luckies. Ich rauche zu diesem Zeitpunkt zwar nicht und Sebastian nur gelegentlich, aber das Zeug wird schließlich nicht schlecht. Leider gibt uns die Kiosk-Dame zu viel Wechselgeld raus... Jetzt reicht's, das restliche Geld kriegt ein Obdachloser am Bahnhof.

Es ist weit nach Mitternacht. Am Bahnhof ist erstaunlicherweise trotzdem die Hölle los. Die Rückfahrt unseres Zuges ist für kurz nach zwei Uhr angekündigt, noch ein wenig Zeit zum Rumhängen, wir sind ziemlich im Eimer.
    Der Zug ist leider zu gut gefüllt um uns ausreichend Platz zum Schlafen zu bieten. Außerdem sind die anderen Reisenden scheinbar teilweise noch nicht so KO wie wir, eine Gruppe junger Engländer nervt besonders. Es ist kaum an Schlaf zu denken. So rollt der Zug hell er-

leuchtet durch die ukrainische Nacht und dann steht auch schon bald die Grenzkontrolle an. Es wird wieder großes Kino geboten. Als wir die Grenze erreichen wird das Licht im Abteil ausgeschaltet. Beamte mit Taschenlampen und Hunden stürmen unseren Waggon. Man nimmt uns erneut die Pässe ab und während wir auf die Rückgabe warten, klopft es unter dem Zug. Es beginnt unter der rechten Seite des Abteils und endet unter der linken. Ich habe keine Ahnung, wer oder was gesucht wird, vielleicht will man uns im Dunklen sitzend einfach nur völlig um den müden Verstand bringen. Schauergeschichten von russischen Verhörmethoden kommen mir in den Sinn. Doch so mysteriös wie es begann endet das Klopfen auch wieder, wir bekommen unsere Pässe zurück und die Cocker Spaniel nebst Begleitung entschwinden grußlos in die Dunkelheit.

In Przemysl endet diese erste Etappe der Rückfahrt. Mit zig anderen erschöpften Reisenden (auch die Engländer haben inzwischen ihren Zenit überschritten) teilen wir uns den viel zu kleinen Aufenthaltsraum im Bahnhof.

Für 4:45 Uhr wird auf der Anzeigentafel statt unseres Zugs ein Zug nach Skarzysko-Kamienna angekündigt. Das ist uns doch ein wenig schleierhaft, den Ort können wir geografischen leider gar nicht zuordnen.

Auf Nachfrage stellt sich heraus, dass dies der Zug nach Warschau sei, der unterwegs in Skarzysko-Kamienna halte. Warum die Endstation allerdings nicht angezeigt wird, lässt sich nicht klären. In der Unterführung zu den Gleisen befindet sich eine weitere Anzeigentafel, dort wird derselbe Zug mit Warschau als Ziel beworben… Wir entschließen uns zum Gleis zu gehen, nach dem Zug Ausschau zu halten und uns rechtzeitig ein Abteil zu sichern, verbunden mit der Hoffnung noch ein wenig Schlaf zu finden. Wir

haben Erfolg! Sebastian und ich ergattern ein Abteil nur für uns.
Unsere Klamotten haben inzwischen eine etwas würzigere Note als bei Fahrtantritt, besonders meine Jacke hat mir gute Dienste geleistet. Sie wurde von mir zwischenzeitlich, neben ihrer eigentlichen Bestimmung, auch als Kopfkissen oder Decke verwendet. Völlig erschlagen beenden wir den über vierzig Stunden dauernden Trip und taumeln mit einigen Pendlern dem Sonnenaufgang und Warschau entgegen.

Zwei Tage nach der Rückkehr aus Lviv steht in Warschau die Partie Griechenland gegen Russland an. Wegen Sebastians Lesung in Weimar werde ich alleine zum Spiel gehen und versuchen seine Karte vor dem Stadion zu verkaufen, obwohl ich so etwas nicht sonderlich mag – keine Ahnung wie die hiesigen Ordnungshüter zum Thema Schwarzmarkt eingestellt sind. Doch es kommt anders. Nachdem wir uns in Jukas Wohnung von unserem Ausflug in die Ukraine erholt haben, verabreden wir uns mit Juka und ihren Bruder Kuba. Sie hat für die Zeit unseres Aufenthalts bei ihm Unterschlupf gefunden. Sebastian und Kuba kennen sich bereits und auch ich werde freundlich begrüßt. Die Geschwister sprechen fließend deutsch, haben beide einige Zeit in Deutschland verbracht. Kuba ist studierter Mediziner.
Eine benachbarte Kneipe ist unser Ziel. Kaum zu glauben, es läuft fast den ganzen Abend über deutschsprachige Rockmusik der Hamburger Band Tocotronic. Sebastian und ich fühlen uns wohl.
Als Kuba erfährt, dass Sebastian seine Karte für das Spiel in zwei Tage nicht wahrnehmen kann, ist er schier aus dem Häuschen. Er möchte mit mir zum Spiel gehen. Auf die Idee ihm die Karte anzubieten sind wir nicht gekommen,

da sie mit knapp 75,- Euro doch sehr teuer ist. Im Vergleich Euro/Zloty kann man sagen, dass der Euro eine vier Mal so hohe Kaufkraft hat. 75,- Euro sind für Kuba ungefähr so viel wie für uns 300,- Euro.
Doch auch diese enorme Summe schreckt Kuba nicht ab und so wird mir die ehrenvolle Aufgabe zu Teil, den beigeisterten Mittdreißiger zu seinem allerersten Fußballspiel zu begeleiten.

Stein um Stein auf die Elf vom Niederrhein

Sommerpausen sind etwas Furchtbares. In diesem Sommer habe ich besonders viel Lust auf Fußball, schuld daran ist die WM. Ich konnte fünf Spiele in fünf Städten sehen, da fällt mir das Warten auf den Beginn der neuen Saison doch sehr schwer.
Vier Wochen nach Ende der WM steht endlich ein interessantes Spiel an, es ist... Rot-Weiß Erfurt gegen die zweite Mannschaft von Borussia Mönchengladbach. Interessant ist die Partie vor allem, weil ich bis dahin noch kein Spiel im Erfurter Steigerwald-Stadion gesehen habe.
Kaum habe ich ein paar Meter mit dem Auto zurückgelegt entdecke ich Kalli vom örtlichen Sportverein.
„Wo willst du denn hin, um diese Uhrzeit?"
„Nach Erfurt zum Fußball, die Zweite von Borussia spielt da heute!"
„Wie, und deswegen fährst du nach Erfurt?"

Auf der Autobahn überhole ich einen Reisebus des Mönchengladbacher Unternehmens Haupts, mir bekannt von der Busfahrt 2001 nach Liverpool. Der Bus ist gut gefüllt mit jungen Herren, die wie ich froh sind, dass die Sommerpause nun zu Ende geht.
Kurz nachdem ich die Flutlichtmasten entdecke stelle ich mein Auto ab. Es ist noch eine ganze Ecke bis zum Stadion zu laufen aber so weit entfernt zu parken ist eine spontane Idee. Der einzig logische Grund ist, dass ich früh dran bin und auf keinen Fall Parkgebühr bezahlen will. Wie ich feststelle habe ich in unmittelbarer Nähe des Fanprojektladens geparkt. Ich sehe mich kurz um und informiere mich über die lokale Szene.

Danach ist noch genug Zeit zum Shopping. Vorbei am thüringischen Landtag schlendere ich in die Innenstadt. Einkäufe im Auto verstauen und dann ins Stadion.

Ich drehe eine Runde um das Areal und kaufe mir eine Stehplatzkarte für den Gästebereich. Neben der Busladung aus Mönchengladbach und mir sind noch etwa zehn weitere Borussen im Block. Ich entdecke Frank.
Frank habe ich vor einiger Zeit an einer Tankstelle kurz vor Wolfsburg kennen gelernt. Wir waren beide, aus Nordhessen kommend, unterwegs zu Borussias Auswärtsspiel beim VfL Wolfsburg. Er mit ESW-Kennzeichen, ich mit KB. Zwei Borussen aus Nordhessen unterwegs, das verbindet. Ich war damals derjenige, der das Gespräch gesucht hat. Wie sich heraus stellte stammt er ursprünglich aus Duisburg und war nur wegen der Arbeit in den Werra-Meißner-Kreis gezogen, wir verstanden uns auf Anhieb.

Ich stelle mich neben ihn. Auch er ist froh, dass die Sommerpause vorbei ist. Er hat sich aufgrund der relativ kurzen Anfahrt von seiner Wahlheimat nach Erfurt dafür entschieden zum heutigen Spiel zu fahren.
Leider gibt es in unserem Block keine Möglichkeit Bratwurst oder Getränke zu kaufen. Direkt neben uns befindet sich die Gegentribüne, wir sind durch ein Gitter von ihr getrennt. Eine Durchgangstür zwischen den beiden Bereichen ist nicht weit von der benachbarten Bierbude entfernt. An dieser Tür kann man Getränkewünsche äußern. Die Tür wird kurz aufgeschlossen und das Bier wird dann im Austausch gegen Geld auf einem Tablett durchgereicht. Eine Atmosphäre zwischen Nachtschalter an der Tanke und Knast.
Um Würstchen kaufen zu können muss man das Stadion allerdings verlassen, dies wird sogar während des Spiels

gestattet. Ob beides allerdings so vom DFB geplant war als die neuen Regionalligabestimmungen veröffentlich wurden bleibt fraglich.
Vermutlich hat es zwei Gründe warum gleich ein ganzer Bus auch Mönchengladbach nach Erfurt gereist ist. Zum einen ist man froh, dass die Sommerpause zu Ende ist, auch wenn dies zunächst nur für die zweite Mannschaft gilt, zum anderen ist Rot-Weiß Erfurt der Erzfeind des FC Carl-Zeiss Jena. Und mit jenem FC Carl-Zeiss Jena verbindet Borussia seit Jahren eine „Fanfreundschaft". Wobei die Feindschaft zwischen Erfurt und Jena größer ist als die Freundschaft zwischen Borussia und Jena.
Ich muss ehrlich sein: Alles was ich zu diesem Thema weiß ist, dass es im Fanrojekt-Laden in Mönchengladbach-Eicken mal einen Gladbach-Jena - Schal gab. Über den ich mich damals, Ende der Neunziger, sehr gewundert habe.
Was weiß eigentlich das Internet zu dem Thema? Ich finde eine Facebook-Seite mit dem Namen „Carl Zeiss Jena & Gladbach - Fanfreundschaft". Von Ende August 2012 bis Anfang 2014 hat man es auf 161 „Gefällt mir" gebracht.
„Ich glaube das mit Mönchengladbach ist auch nichts Großes mehr und in meiner Zeit als Jenafan (seit Ende der Saison 03/04) auch noch nie gewesen." Gibt „blaugelbweiss1988" in einem Forum zum Besten. Aus meiner Sicht nicht nachvollziehbar weswegen ich wegen dieser „Fanfreundschaft" mit Jena meine Gesundheit auf's Spiel setzen sollte:
Nun sind also diese circa fünfzig größtenteils erlebnisorientierte Gladbacher im Block und haben offensichtlich Langeweile oder wollen bewusst provozieren. Es werden Jena-Sprechchöre gesungen. Uh, denke ich mir, dass kommt bestimmt nicht gut an.
Erste Reaktionen der Erfurter lassen nicht lange auf sich warten, das spornt natürlich zusätzlich an weiter zu singen.

Der Rest des Stadions pfeift. Gegensprechchöre werden angestimmt. Gegen Ende des Spiels sickern erste Informationen durch unseren Block. Angeblich haben einige Erfurter das Stadion verlassen um uns einen Besuch abzustatten. Ich begebe mich an das obere Ende des Blocks, tatsächlich, da treiben sich ein paar Kameraden herum. Naja, soll'n se mal machen. Wird ein paar Drohgebärden geben, das Übliche eben. Andererseits, so einen direkten Kontakt zu aufgebrachten Fans ohne ausreichend Polizeischutz hatte ich auch noch nicht. Wie dem auch sei, erst mal das Spiel zu Ende gucken und mit Frank fachsimpeln.

Nach dem Abpfiff begeben wir uns in leicht angespannter Grundhaltung zum Ausgang. Frank hat näher als ich am Stadion geparkt. Er schlägt vor, dass wir zu seinem Auto rennen und er mich dann zu meinem fährt. So machen wir es auch. Wir verlassen das Stadion noch vor der großen Meute der Busreisenden.
Etliche Erfurter haben sich mittlerweile in der Grünanlage gegenüber dem Gästeausgang verschanzt. Kaum das wir den Block verlassen haben fliegen die ersten Steine. Wer da aus unserem Bereich wie viel abbekommt entzieht sich unserer Kenntnis. Nach wenigen hundert Metern erreichen wir Franks 3er Golf. Nichts wie weg. Er fährt mich zu meinem Auto und alles ist gut.
Ja, und deswegen fahre ich nach Erfurt!

Sparklingwine-Charly

Offensichtlich hatte man mich bei der zuständigen Stelle missverstanden. Mein Visum für die geplanten drei Tage in Russland wurde im ersten Anlauf abgelehnt. Warum teilte man mir nicht mit. Ich druckte den Antrag erneut aus und hatte schließlich Erfolg. Neben der Beschaffung des Visums war weiterer organisatorischer und finanzieller Aufwand vor der Abreise nötig. Ein Reisepass musste her. Ohne Flug und Hotel war ich so schon ungefähr hundert Euro für Fotos, Reisepass und Visum los. Was macht man nicht alles. Ich wollte auf jeden Fall nach Moskau zum Länderspiel und natürlich endlich mal den Roten Platz, den Kreml und die berühmten Zwiebeltürme sehen, außerdem musste ich bei der Gelegenheit unbedingt Bliny probieren.
Mit Borsti schloss ich mich der Fanclub-Gruppe um den Saarbrückener Michael Sander an. Der Treffpunkt am Frankfurter Flughafen kam uns sehr entgegen.

In den frühen Morgenstunden komme ich mit dem Zug am Airport an. Es sind bereits einige Herrschaften aus Rheinland-Pfalz und dem Saarland anwesend. Borsti kommt etwas später, er arbeitet zu der Zeit in Speyer und reist von dort aus an.
Nie vergessen werde ich meinen ersten Kontakt mit Schampus-Kalle. Allein optisch sticht er schon aus der Fanmeute heraus. Die Haare mit einer Schleife im Stile Mozarts zu einem kurzen Pferdeschwanz zusammen gebunden, randlose Brille mit runden Gläsern und stets in Sakko und Rollkragenpullover gekleidet. Dazu eine Frohnatur vor dem Herrn und das völlig ohne zu nerven.
Zum Aufwärmen versorgt er die Anwesenden mit kleinen Sektflaschen, die er zigfach in seinem klimpernden Ruck-

sack mit sich trägt. Vor dem Einchecken werden die restlichen Flaschen auf die anderen Reisenden verteilt, pro Person dürfen 100 ml Flüssigkeit im Handgepäck transportiert werden; die Sektflaschen entsprechen genau den Bestimmungen. Was ein Typ...
„Michael, was ist das denn für ein Vogel?", erkundige ich mich später.
„Ach, der wollte sogar mal in Mainz Bürgermeister werden, hat damals gar nicht schlecht abgeschnitten".

Mit Zwischenhalt in Wien fliegen wir in die russische Hauptstadt.

Am Moskauer Flughafen werden wir von einheimischen Kamerateams empfangen. Schampus-Kalle gibt ein Interview auf Englisch und stellt sich als Sparklingwine-Charly vor, flexibel ist er auch noch. Borsti und ich haben diesmal all inclusive gebucht, ein Bus samt deutschsprachiger Reiseleitung steht bereit.
Dieses Gefährt ist bis vor kurzem noch unter deutscher Flagge gefahren. Die Beschriftung „Mundstock-Reisen, das freundliche Busunternehmen" und www.mundstock.de ist noch gut zu lesen. Lediglich den Aufdruck „Braunschweig" hat man entfernt. Nun hat der Bus ein russisches Kennzeichen und soll uns zunächst vom Flughafen zum Hotel bringen. Der Trip durch den Feierabendverkehr Moskaus dauert fast drei Stunden und kostet uns beinahe den Verstand.
Wir passieren prunkvolle Stadtschilder, unvorstellbar große Plattenbausiedlungen, ein ausgebranntes Hochhaus und immer wieder Werbung für spezielle Sonderangebote bei Media-Markt anlässlich des Oktoberfests. Highlight ist jedoch ein erster Blick auf das Nationalstadion. Bis wir das Hotel erreichen ist es dunkel, es regnet ohne Unterbre-

chung. Doch, egal was die anderen heute noch vorhaben, Borsti und ich werden noch mit der U-Bahn ins Zentrum fahren.

Direkt neben dem Hotel befindet sich eine U-Bahnstation. Huch, alles auf Kyrillisch, ausschließlich auf Kyrillisch. Ich war davon ausgegangen, dass man die Stationen in der Weltstadt Moskau zusätzlich noch auf Englisch beschriftet hat. Auf Englisch, wie töricht von mir! Auf Englisch, tz... Wir nehmen die Herausforderung an, was bleibt uns anderes übrig? Taxi fahren kommt nicht in Frage, unnötige Geldausgabe. Dem Reiseführer entnehme ich in den Tipp, dass man sich einfach nur die letzten vier Schriftzeichen der Stationsbezeichnungen merken soll. OK, wird gemacht. Dennoch fühle ich mich ein wenig hilflos, da ich die Namen der einzelnen Stationen nicht aussprechen kann.

Nach wenigen Minuten befinden wir uns im Herzen Moskaus und sind zunächst beeindruckt von der Geschwindigkeit der Autos. Bisher kannten wir nur stop & go auf dem Weg zwischen Flughafen und Hotel. Die innerstädtische Straße ist sechsspurig. Eine Geschwindigkeitsbegrenzung scheint es nicht zu geben, schon gar nicht von 50 km/h, geschätzte 80 bis 100 Sachen sind hier üblich. An einem Kiosk decken wir uns mit Bierdosen für umgerechnet 50 Cent ein und schlendern dem Roten Platz entgegen. Neben dem Unglück in Tschernobyl ist die Landung von Mathias Rust in der Nähe des Roten Platzes eine meiner frühesten Kindheitserinnerungen aus den Nachrichten. Die Aufregung um dieses Ereignis fand ich damals richtig spannend und fasziniert mich noch heute.

Wir posieren für erste Fotos an der Basilika. Leider regnet es immer noch, also werden wir morgen oder übermorgen wieder kommen um unser Glück erneut zu versuchen. Der

kleine Ausflug reicht um uns einen ersten Überblick zu verschaffen.
Im Hotel werden wir von der Meute empfangen, die den Abend ausnahmslos in der Lobby oder auf den Zimmern verbracht hat. Überraschte Gesichter als man uns erblickt.
„Wo ward ihr denn?"

Einige haben sich im Bistro mit russischen Spezialitäten versorgt. Schampus-Kalle ist aber unzufrieden mit der lokalen Küche und ich schaue hungrig auf seinen Teller.
„Was hast du denn da?" frage ich ihn.
„Das sind Bliny. Willste den Rest haben?"
So komme ich zu meinen ersten Bliny. Ein unspektakuläres Wasser-/Mehl-Gemisch, aber in Kombination mit den Beilagen sehr lecker.

Die Anwesenden sind nicht sonderlich an dem interessiert was wir in der Innenstadt erlebt haben. Ich meine Moskau, pfff… Sie sind eher darauf bedacht uns von ihren Erlebnissen im Hotel zu berichten, so erfahren wir von einer Damen, die mir und Borsti zunächst gar nicht aufgefallen ist. Sie sitzt unscheinbar in einer Ecke des Raums mit leichtem Abstand zur Gruppe und den wenigen anderen Gästen.
„Die ist heute Abend schon zwei Mal mir irgendwelchen Kerlen auf's Zimmer verschwunden!" wird uns berichtet.
Sie wird von uns näher unter die Lupe genommen. Wie auf Bestellung tritt in dem Moment ein Mann zu ihr. Sie steht auf, hakt sich bei ihm ein und braust mit dem Fahrstuhl davon.
Unsere Informanten lässt sie mit großen Augen und offenen Mündern zurück.

Es ist noch nicht sooo spät, aber Borsti und ich sind nicht zum Spaß hier und verabschieden uns nach einem letzten gemeinsamen Getränk von den Anderen. Auf dem Stadtplan habe ich ein weiteres Stadion in Laufweite zum Hotel gefunden. Vielleicht ist es aber auch nur ein gewöhnlicher Sportplatz. Wir werden es erfahren, dort geht es morgen nach dem Frühstück als erstes hin.

Am nächsten Morgen hat es aufgehört zu regnen. Bei schönstem Sonnenschein machen wir uns auf zum Stadion. Tatsächlich gibt es ein paar Reihen Schalensitze, auf einer Spielfeldseite sind sie überdacht. Fußball wird hier allerdings nicht gespielt. Das Stadion ist mittlerweile das Zuhause einer Rugby-Mannschaft. Nach dem wir uns am Hund des Hausmeisters vorbei geschlichen haben, erkundigen wir das Gelände dennoch ausführlich. Besonders gefällt mir die puristische Konstruktion der Flutlichtmasten, verewigt auf dem Cover des Buches. Interessant ist auch das Fahrzeug mit dem die Eckfahnen transportiert werden, ein ehemaligern Kinderwagen, von ihm wird jedoch nur noch die Metallkonstruktion verwendet.
Wir kehren kurz ins Hotel zurück, wo wir Augenzeugen davon werden wie die große Blockfahne in Form eines Deutschlandtrikots in unserer Unterkunft gelagert wird. Leider geht diese Vorführung in der Kurve am Abend völlig daneben. Das Trikot wird von den Fans waagerecht liegend durch den Block gereicht, peinlich. Bis zum Spiel werden Borsti und ich getrennte Wege gehen. Er will wie immer früh am Stadion sein, damit er für seine Zaunfahne einen guten Platz ergattern kann – sonst wäre für ihn der ganze Trip nach Moskau sinnlos gewesen. Ich hingegen will den Tag nutzen um mich ein wenig unters Volk zu mischen.

Viele Kneipen kündigen an, dass sie das Spiel am Abend auf Leinwand zeigen werden. In einem Hinterhof finde ich einen großen Plattenladen mit gut sortierter Heavy-Metal-Abteilung, leider ist die angebotene Ware deutlich teurer als in Deutschland. Ich schlendere durch ein Spezialitäten-Geschäft mit Kronleuchtern und Wandmalerei unter der Decke. Die Preise der angebotenen Lebensmittel sind selbstverständlich auch sehr speziell. Kurios ist die Angebotspalette, sie reicht von der gewöhnlichen Sprühsahne bis zum Kaviar.
Für den Rückweg wechsle ich intuitiv die Straßenseite und komme an einem Nobelhotel vorbei. Schwarze Limousinen. Bedienstete öffnen die Wagentür. Personal transportiert das Gepäck. Doch wen sehe ich denn da? Den kennst du doch! Mirko Slomka! Was macht der denn hier? Slomka hat zu der Zeit weder einen Job als Trainer bei einem Verein noch beim DFB. Ich bin gespannt, wie es für ihn beruflich weitergeht und ob seine nächste Tätigkeit etwas mit seinem Ausflug nach Moskau zu tun haben wird. Wie ich später erfahren werde hat sie es nicht, es verschlägt ihn nach Hannover.

Wenige Meter entfernt entdecke ich den Arbeitsplatz von Menschen, die wirklich hart und unter abenteuerlichen Bedingungen für ihr Geld schuften müssen: Bauarbeiter. Sie renovieren die Fassade eines mindestens fünfzehn Stockwerke hohen Gebäudes. Das Gerüst ist von deutschen Standards weit entfernt. Statt auf Bohlen, die an beiden Seiten fest mit dem Gerüst verbunden sind, arbeiten die Männer auf Brettern, die einfach lose auf das Metallgestell gelegt wurden.

Zeit zum Stadion aufzubrechen. Borsti ist schon da, die anderen sind mit dem gebuchten Bus gefahren. Ich entscheide mich für die U-Bahn und bekomme so mit, wie ein Großteil der Zuschauer anreist und welche Kontrollen zu passieren sind. Schon vor der Begegnung geht das Gerücht rum, dass bei den erwarteten knapp 80.000 Zuschauern 8.000 Sicherheitskräfte vor Ort sein sollen. Das klingt schon sehr unverhältnismäßig. Das ist auch das was mich an Moskau stört. Der Staat scheint ständig Bedrohung oder Unruhe zu wittern, unangenehm.

Rund um das Stadion ist das Aufgebot wirklich erstaunlich. Berittene Sicherheitskräfte, Militär, das aussieht, als würde es gleich in den Krieg ziehen wollen. Anonyme Masse die ständig nach ihrem Vorgesetzen schielt und auf den nächsten Befehl wartet. Die eigentlichen Ordner in gelben „Steward"-Westen sehen mit ihren Sneakern und Gürteltaschen eher aus wie die örtlichen Ultras.

Das Rahmenprogramm auf dem Gelände des Stadions soll nicht unerwähnt bleiben, vielleicht will man die Gästefans damit aber auch einfach nur mürbe machen. Direkt gegenüber unserem Eingang wurde ein Coca Cola - Truck abgestellt. Auf ihm wurden zwei junge Herren und zwei junge Damen platziert. Die Herren sind beide mit Megafonen ausgestattet, die Damen mit Cheerleaderpuscheln. Von den Herren wird zum Technobeat vom Band ins Megafon „gesungen", russische Popsongs, die ich leider nicht verstehen kann. Die beiden Mädels puscheln währenddessen fröhlich dem Rhythmus hinter her.

Das kulinarische Angebot im Stadion ist enttäuschend. In den Aufgängen zu den Blöcken gibt es nur eingepackte Sandwiches, belegte Brötchen, Pringels und ähnliches. Am Eingang zum Gästebereich befindet sich eine weitere

Aufmerksamkeit, dieses Mal nicht musikalisch, es wird lyrisch. Ein Computerausdruck verkündet:
„In Afrika werdet ihr die shone,
Möglichkeit haben, zu schwimmen,
Sonnebad zu nehmen und das Spiel des
russischen Nationalelf zu geniessen."

Ganz klar, hier steht noch einiges auf dem Spiel!

Der Block ist bereits gut gefüllt und Borsti konnte sich für seine Zaunfahne den besten Platz reservieren. Als ich die Stufen nach oben klettere entdecke ich Borussias ehemaligen Trainer Hans Meyer. Er hat sich für eine Packung Chips entschieden. Vor Jahren habe ich ihn bereits bei einem Gladbacher Freundschaftsspiel in Willingen getroffen. Ich bedankte mich damals überschwänglich für die Autogrammkarte mit persönlicher Widmung, die ich einige Woche zuvor von ihm zum Geburtstag erhalten hatte. Meine Mutter hatte die Karte damals in Auftrag gegeben, er konnte sich nicht mehr daran erinnern. Ich habe es aber verschmerzt, schließlich war es eine Karte zu meinem 21. Geburtstag und nicht zu meinem zehnten.

Faszinierend was die russischen Fans optisch beim Einlaufen der beiden Mannschaft bieten. Eine riesige Blockfahne deckt die komplette Gegentribüne ab. Die ersten Reihen der Fankurve werden über die vollständige Länge von einem Spruchband überdeckt. In der Kurve zur unserer Linken werden vorbereitete Papiertafeln hoch gehalten, so dass eine beeindruckend große Russlandfahne entsteht. Ich werde den Eindruck nicht los, dass solche Gemeinschaftsaktionen bei denen nach Möglichkeit alle Zuschauer mitmachen sollten in Russland besser funktionieren als in Deutschland. Wie es passieren konnte, dass unsere Trikot-

Blockfahne wenige Minuten später waagerecht statt senkrecht durch den Block wandert ist mir ein Rätsel und doppelt peinlich, da die Russen so schwer auffahren.
Dass zusätzlich vor Beginn des Spiels ungefähr zwanzig Personen mit russischen Schwenkfahnen auf dem Platz stehen ist schon fast selbstverständlich. Eine echt gute Inszenierung!
Kurz vor dem Anpfiff wird der herbstliche Kunstrasen noch mal befeuchtet und los geht's.
Auch dieses Spiel ist schnell erzählt, 1:0. Tor Klose.
Tendenz zu diesem Zeitpunkt: Wir werden in Südafrika nur zwischen den Spielen Zeit zum Bad in der Sonne haben. Beim Schwimmen könnte es ein bisschen kalt werden, da während der WM in Südafrika Winter sein wird.

Nach dem Spiel nimmt der Psychoterror groteske Formen an. Wir müssen noch in unserem Pizzastück des Stadions verharren, die russischen Zuschauer dürfen zuerst gehen. Das kann ich noch nachvollziehen, schließlich sind nicht alle deutschen Anhänger so friedliebend wie ich. Aber muss man uns eine dreiviertel Stunde über die Anzeigentafeln mit russischen Zeichentrickfilmen quälen?

Es ist überstanden. Ich fahre mit der U-Bahn zurück um die so gewonnene Zeit für ein paar nächtliche Außenaufnahmen des Stadions zu nutzen und noch ein paar Eindrücke zu gewinnen. Es gefällt mir einfach, mich unter das Volk zu mischen und nicht unter Schutz oder mit „Chauffeur" zum Stadion und wieder weg zu fahren. Sicherlich sind nicht immer alle Menschen nett auf der Welt, aber ein mit offensichtlich deutschen Fans prall gefüllter Reisebus kann auch zum Ziel werden. Bewaffneter Überfall und Plünderung an einer roten Ampel. Nur mal als Beispiel.

Am nächsten Morgen fahre ich mit Borsti erneut in die City. Wir haben Glück denn es herrscht bestes Wetter zum erneuten Fotoshooting mit seiner BVB-Fahne auf der Rückseite der Basilika. Uns gelingen ein paar tolle Aufnahmen, eines meiner Bilder wird später sogar im Berliner *Tagesspiegel* veröffentlicht.
Andere Deutsche hatten auf dem Roten Platz weniger Erfolg. Beim Versuch Fotos mit einer Deutschlandfahne zu machen sind sofort die Sicherheitskräfte eingeschritten und haben das gute Stück beschlagnahmt.

Für die Rückfahrt zum Flughafen schließen wir uns wieder der restlichen Gruppe an. Mehrere Personen verfallen dem Kaufrausch. Wodka wird in der praktischen 2-Liter-Flasche zum Schnäppchenpreis erworben. Leider darf so viel gar nicht in die EU eingeführt werden. Also wird der Stoff direkt an Ort und Stelle eingeführt, weil zum Wegschütten zu schade. Es spielen sich menschenverachtende Szenen vor dem Abflug mit Austrian-Airlines ab. Einige haben immer noch nicht genug und verlangen regelmäßig Biernachschub von den Flugbegleiterinnen.
„Geh bittschön, der Herr. Sie hatten schon einen Getränkeservice", hört man immer wieder.

Drei Punkte Mal anders

Außer eines gemeinsamen Ausflugs mit meinem Bruder zu Hansa Rostock gegen 1860 hatte ich im Osten Deutschlands bis Anfang 2006 noch kein Spiel gesehen. Es war an der Zeit dies zu ändern. Da ich damals noch selbst kickte und dieser Trip möglichst effektiv sein sollte, kam nur die Winterpause der heimischen Kreisliga in Frage.
Mit Spielen in Dresden, Aue und Leipzig konnte ich mir eine halbwegs sinnvolle Tour zusammenstellen. Als kostengünstige Unterkunft hatte ich mir die zentral gelegene Jugendherberge im sächsischen Colditz heraus gesucht. In meiner Planung fand das anstehende Wetter keine Berücksichtigung, denn gefahren wurde sowieso. Einzig für das Spiel in Aue hatte ich mit Budissa Bautzen gegen Energie Cottbus II eine Alternative für eine mögliche Spielabsage finden können. Wie sollte es anders sein, bei Reiseantritt herrschte ein plötzlicher Wintereinbruch auf Deutschlands Straßen. Gegen Schnee habe ich grundsätzlich nichts einzuwenden, aber wenn man mit dem Anpfiff in Dresden um 19 Uhr ein festes Ziel hat, vorher circa vierhundert Kilometer zurücklegen muss und noch in der Jugendherberge einchecken will, kann es schon mal eng werden.
Mit dem Herbergsvater hatte ich vereinbart, mich zu melden, wenn ich die Unterkunft erreicht hätte.
Durch den unberührten Neuschnee ließ ich mein Auto auf dem Parkplatz ausrollen. Weil mich der plötzliche Schneefall viel Zeit gekostet hatte und ich schließlich noch weiter fahren musste wählte ich sofort die vereinbarte Handynummer. Der Herbergsvater war neben der Jugendherberge noch für die Betreuung eines Wildgeheges zuständig, dort erreichte ich ihn. Er machte sich umgehend auf den Weg in die Haingasse 42. Ich erwähne die damalige Anschrift, da die Jugendherberge sich nicht mehr an diesem

Standort befindet. 2006 konnte man noch von der Jugendherberge den Blick hinauf zum imposanten Schloss genießen, heute guckt man von der Jugendherberge im Schloss zur Haingasse hinunter. Die neue Jugendherberge bietet Platz für mehr als 150 Übernachtungsgäste, der Vorgänger war auf 35 Betten beschränkt.

Günther begrüßt mich wenig später in tiefstem Sächsisch und mit festem Händedruck. Kaum angekommen beginnt er, mich mit den historischen Fakten zum Haus zu versorgen. So erfahre ich, dass ich es mit der ältesten Jugendherberge Sachsens zu tun habe und, dass im zweiten Weltkrieg die SA Sachsen hier ihren Sitz hatte. Ich kann mir sehr gut vorstellen, dass das Gebäude dem Geschmack der Nazis entsprach, in seinem rustikalen Baustil wirkt es wie eine alte Festung. Das Schloss wiederum wurde zu jener Zeit als Gefangenenlager genutzt. Von dort soll es sogar einen Tunnel zur Haingasse geben. Mit Interesse lausche ich dem geschichtlichen Exkurs, versuche jedoch Günther beim Reden zum Weiterlaufen zu animieren. Ich nenne ihm den Grund meines Aufenthaltes und auch warum ich zunächst schnell wieder weiter fahren muss. Er zeigt Verständnis, da er früher selbst häufig nach Dresden zum Fußball gefahren ist. Doch dieses Thema und die Historie der Stadt Colditz lässt sich in den nächsten Tagen sicherlich noch vertiefen.

Schnell mein Gepäck im Zimmer abgestellt, das sich natürlich sehr weit oben im Gebäude befindet - kurz die Aussicht über den Ort und das Flusstal genossen und zurück durch den Schnee zum Auto. Bis nach Dresden ist es noch eine ganze Ecke. Achtzig Kilometer, davon für meinen Geschmack zu viele über Kreisstraßen. So gewinne ich schon am ersten Tag meiner Reise den Eindruck, dass Colditz zwar zentral zwischen Leipzig und Dresden gelegen ist, jedoch weit ab von der Autobahn, aber das bin ich aus meiner Heimat gewohnt.

Ich heize durch Sachsen als gäbe es kein Morgen. Zu meiner Schande muss ich zugeben, dass ich schlecht vorbereitet unterwegs bin. In fast allen Städten sind die Fußballstadien bestens ausgeschildert, haben an Spieltagen viele tausend Zuschauer das gleiche Ziel. Daher habe ich mir keine Gedanken gemacht, welche Dresdner Autobahnabfahrt die richtige sein könnte. Erst um 18:32 Uhr finde ich einen Parkplatz in Hörweite des Rudolf-Harbig-Stadions. Mir bleiben noch 28 Minuten bis zum Anpfiff von Dynamo Dresden gegen 1860 München. Aus Verbundenheit zu meinem Bruder stelle ich mich in den Auswärtsblock. Zehn Euro Eintritt für die Stehplatzkarte in der zweiten Bundesliga sind für damalige Verhältnisse richtig viel Geld. Wegen der Witterungsverhältnisse besteht der Gästebereich zum größten Teil aus Matsch und Pfützen. Die Bratwurst trieft vor Fett… Die Lieblingsmannschaft meines Bruders passt sich dem Niveau des Wetters an und verliert 0:2. Nun ja, immerhin konnte ich diese ostdeutsche Fußballkultstätte noch erleben, bevor sie einem Neubau weichen musste und den unglücklichen Namen „glücksgas-Stadion" trägt.

Auf dem Weg zum Auto fällt mir ein Wagen mit Bautzener Kennzeichen ins Auge. Da ich mir nicht sicher bin, ob mein für den morgigen Samstag eingeplantes Match in Aue stattfinden kann, frage ich nach den Platzverhältnissen in Ostsachsen. Die Herren freuen sich, meine Frage positiv beantworten zu können.
„No, mir ham doch en Gunstrasnblatz!"
Ich bin überglücklich nach dieser Information und ernte irritierte Blicke. Der Samstag ist gerettet, ich habe nun

definitiv ein Spiel für diesen Tag auf dem Programm. Das eigentlich geplante Match in Aue ist zweitrangig und fällt schließlich aus. Puh, Glück gehabt! Selbst Dynamo gegen 60 stand lange auf der Kippe, im Radio konnte ich auf der Hinfahrt im Minutentakt den Fortschritt der Schneeräumarbeiten verfolgen.

Als ich nach dem Spiel zur Jugendherberge zurückkehre bin ich immer noch der einzige Gast. Leider ist zunächst noch mein Bett zu beziehen. Mit Begeisterung stelle ich fest, dass die Bettdecke vermutlich noch aus DDR-Zeiten stammt. Das blassgrüne Textil ist mehrfach mit der Aufschrift „Gesundheitswesen" versehen. Was das wohl zu bedeuten hat? Antworten gerne an meine Mail-Adresse! Ich habe das alte Gemäuer komplett für mich alleine und komme mir vor wie ein Burgherr. Mit ein paar Döschen Bier richte ich mich im Gemeinschaftsraum ein und lasse den Abend gemütlich ausklingen während ich die Schneeflocken im Mondschein beobachte.

Nach einer ausgiebigen Dusche erwartet mich Günther mit dem Frühstück. Er ist extra angereist um mich zu versorgen, seine BILD-Zeitung darf nicht fehlen. Trennung zwischen Personal (ihm) und Gästen (mir) muss jedoch sein. Er sitzt in Küchennähe, ich bekomme mein Frühstück im Gemeinschaftsraum serviert. Die Tür zwischen beiden Räumen bleibt geöffnet, so dass ich ihn bei seiner morgendlichen Lektüre beobachten kann. Gelegentlich kommt er zu mir, um Kaffee oder ein gekochtes Ei abzuliefern und zwei/drei Sätze mit mir über DDR-Fußball, Colditz und meine weiteren Pläne für das Wochenende zu reden.

Heute kann ich es etwas ruhiger angehen lassen. Bis Bautzen liegen nur ungefähr 140 Kilometer vor mir und für

diese habe ich Zeit bis 14:00 Uhr. Ich beschließe, mich früh, aber gemütlich auf den Weg zu machen und mir die Stadt noch etwas anzugucken.
Die Rechnung geht auf, entspannt erreiche ich die Heimat von Budissa Bautzen, welch wohlklingender Vereinsname. Noch bevor ich mein Auto abstelle fallen mir die zweisprachigen Straßenschilder auf, alles ist deutsch und sorbisch beschriftet. Ich statte der Touristeninfo am Rathausplatz einen kurzen Besuch ab, nehme einen Stadtplan mit und freue, mich eine Gegenleistung für den Solidaritätszuschlag zu erhalten, der mir seit Jahren vom Lohn abgezogen wird. Ansonsten wurde mein Geld (und das anderer), gut angelegt bei der Straßen- und Stadtsanierung. Ist wirklich schön in Bautzen, bin sehr positiv überrascht.
Ich bin so betört, dass ich kurzfristig mit dem Gedanken kämpfe eine für den Abend angekündigte Boxveranstaltung zu besuchen. Hach, wäre schon ein Ding gewesen… Warum habe ich mich eigentlich dagegen entschieden? Vielleicht wollte ich mich einfach nicht ein paar Wochen später beim Durchzappen auf DSF im Publikum bei einer solchen Veranstaltung sehen.
Die Zeit bis zum Anpfiff nutze ich sinnvoll zwischen CD-Regalen in einem Einkaufszentrum. Die Sportanlage von Budissa schließlich ist sehr idyllisch gelegen. Den zugeschneiten Rasenplatz lasse ich links liegen und begebe mich direkt zum Sportlerheim, Funktionsgebäude oder wie auch immer man es bezeichnen soll. Die Bratwurst wird natürlich mit Original Bautz'ner Senf serviert und lässt das Exemplar vom Vorabend noch mehr verblassen.
Puh, ist das kalt hier. Da frage ich mich doch, ob ich lieber mit Bratwurst in der Hand im Schnee stehend frieren will oder mit Handschuhen und kurzer Hose über den Gunstrasnblatz hinter 'ner gefrorenen Kugel her rennen möchte. Egal, ich habe meine Entscheidung getroffen und

Steffen Baumgart hat dies ebenfalls getan, er ist der einzige Spieler, den ich kenne. Er versucht sich hier mit der zweiten Mannschaft von Energie Cottbus wohl wieder an die erste Formation heranzuarbeiten.
Für die Statisten: Das Spiel endet 2:2, ansonsten gibt es wenig zu berichten, es ist hauptsächlich kalt.

Entspannt reite ich zurück zu meiner Burg, frische meine Getränkevorräte auf und freue mich auf das „Aktuelle Sportstudio" im großen Saal. Der Laden gehört mir weiter ganz alleine und ich kann die Zusammenfassung des verrückten 7:4 von Schalke gegen Leverkusen in aller Ruhe erleben.

Am nächsten Morgen sehe ich wie sich Günther auf dem Weg vom Auto zur Jugendherberge, die BILD am Sonntag unterm Arm, durch die Kälte quält. Ich habe meine Klamotten bereits gepackt und von meiner Gesundheitswesen-Decke Abschied genommen. So steht nun unser letztes „gemeinsames" Frühstück an.
Günther wird zutraulicher, er erzählt davon, dass im Sommer viele Kanuten aus der Partnerstadt Holzwickede nach Colditz kämen und dann die Jugendherberge regelmäßig gut gefüllt wäre. Weiter erfahre ich, dass das Hochwasser von dem im letzten Jahr ausführlich in den Medien berichtet wurde auch die Gegend um Colditz betroffen hat. Grimma liegt ganz in der Nähe, den Ort kenne ich noch von den dramatischen Fernsehbildern.

Dann ist es Zeit mich zu verabschieden, die A14 und Leipzig warten auf mich. Es ist knackig kalt und die Sonne scheint. Tolles Wetter um zum Oberligaspiel Sachsen Leipzig gegen den FV Dresden-Nord zu cruisen. Ich verlasse die Autobahn, nach einer Anfahrt von knapp 50 Kilometern, in der Nähe der Leipziger Messe. Links von mir entdecke ich den Messeturm mit dem mir von unzähligen DDR-Briefmarken bekannten Messelogo. Die Sonne steht tief ich brettere auf einer vierspurigen Straße stadteinwärts. Plötzlich ein roter Blitz von links. Och, ne… Ich hasse diesen ekligen Geschmack im Mund. Hektischer Blick auf den Tacho, Suche nach einem Verkehrschild mit der vorgeschriebenen Höchstgeschwindigkeit. Weit und breit nur ein bereits von mir passiertes Ortsschild. Die Tachonadel treibt sich jenseits der achtzig rum. Mmmh, nicht gut. Was soll's ändern kann ich es jetzt ohnehin nicht mehr. Auf dieser vierspurigen Stadtautobahn kann die Geschwindigkeitsbegrenzung doch nicht bei 50 km/h liegen. Dass sie es doch tut erfahre ich wenige Tage später mittels Briefkasten und auch, dass ich 30 km/h darüber lag – macht summa summarum drei Punkte für mich und 'ne empfindliche Geldstrafe…

Nun ja, passiert. Den Tag will ich mir davon aber nicht versauen lassen. Ich parke in der Nähe des Zentralstadions und habe noch genügend Zeit eine Runde um das Stadion zu drehen. Gänsehautfeeling, schließlich habe ich es hier mit dem Stadion zu tun, dass einst das größte Stadion Europas war. Ursprünglich befand sich am Standort des Stadions zu NS-Zeiten das „Adolf-Hitler-Feld", ein riesiger Aufmarschplatz. Zwei Drittel dieses Areals wurden zur Festwiese und sind noch erhalten, inklusive Glockenturm, auf einem Drittel des Geländes entstand Mitte der 1950er Jahre das Zentralstadion.
Besonders beeindruckt bin ich jedoch von dem einmaligen Umbau, das neue Stadion wurde in das alte integriert. Aus historischen Gründen wurden sogar einige alte Holzbänke erhalten. Dieser Ort atmet förmlich Geschichte, heute wird dieses WM-Stadion recht skurril mit Leben gefüllt. Es ist

lediglich ein Hintertorbereich und eine Längsseite des Stadions freigegeben mehr ist aber auch nicht nötig für die wenigen tausend Zuschauer, die sich dieses laue 0:0 angucken wollen. Doch erst später wird mir bewusst, dass ich einem „geschichtsträchtigen" Spiel dieser beiden Clubs beiwohnen durfte, denn es handelt sich um das bis dahin einzige 0:0 beider Mannschaften in Leipzig.

Wäre doch schön gewesen, wenn eine der beiden Mannschaften und nicht ich mit drei Punkten im Gepäck die Heimreise angetreten hätte...

(K)ein bisschen Frieden

Während ich beginne diesen Bericht zu verfassen, muss ich zwangsläufig an das J.B.O. - Cover von Nicoles Grand Prix Klassiker „Ein bisschen Frieden" denken. Bei dieser Version wurde die ursprünglich traurige Ballade im Rammstein-Sound präsentiert. Zur Rhythmusunterstützung dient den vier Jungs aus Erlangen ein Maschinengewehr, das monoton durch die einstige Friedenshymne rattert. Warum das Lied in der genannten Variante sinnbildlich für diese Fahrt ist... dazu später mehr.
Ich mache mich gemeinsam mit meinem Bruder Macke auf den Weg nach Budapest. Dies ist unser erster gemeinsamer Auslandstrip seit der Fahrt zur Eishockey-WM 2002 in Schweden und einem Abstecher zu einem gemeinsamen Freund mit zwei Fußballspielen in England vor acht Jahren. Wir starten ab Kassel-Wilhelmshöhe mit der Bahn zu einer 13-stündigen Nachtfahrt. Besonders gespannt bin ich ob und wie wir ein wenig Schlaf bekommen werden. Sind wir in einem Schlafwagen untergebracht? Keine Ahnung! Dies war in der Vorbereitung für die Fahrt auch egal, es ging in erster Linie darum günstig mit der Bahn nach Ungarn zu gelangen. Bei einem Ticketpreis von knapp 55,- Euro pro Nase für die einfache Strecke können wir nicht meckern.
Kurz nachdem der Zug in Kassel-Wilhelmshöhe anrollt sind wir bereits in bester Urlaubsstimmung. Eine junge Dame in unserem Alter kann sich davon eine Scheibe abschneiden. Sie macht einen sehr geschäftigen Eindruck und rennt, auf der Suche nach einer Steckdose für ihren Laptop, bis Fulda hektisch im Abteil herum. In Zahlen heißt das: Abfahrt in Kassel um 19:23 Uhr, Ankunft in Fulda um 19:55 Uhr, Steckdose gefunden um 20:03 Uhr, Verlassen des Zuges in Würzburg um 20:28 Uhr. Muss ich

erwähnen, dass die Aufregung in keinem Verhältnis zum Ergebnis steht? Als sie von ihrem Platz aufsteht und sich hektisch auf den Weg zum Ausgang macht, wird dies von Macke mit einem bedauernden Kopfschütteln quittiert. Wenn die so weiter macht, wird sie keine vierzig. Für uns geht die Fahrt weiter bis München.
Um 23:02 Uhr erreichen wir an jenem Donnerstag den dortigen Hauptbahnhof. Nach kurzem Stopp von 38 Minuten geht es bereits weiter mit dem EuroNight, bis Budapest. Es bleibt genug Zeit um die Getränke- und Essensvorräte zu erneuern, schließlich liegen noch neun Stunden Zugfahrt vor uns. Gespannt bin ich nach wie vor auf unsere Plätze, aus meiner Sicht besteht gar kein Zweifel daran, dass es sich um einen Schlafwagen oder Liegeplätze handelt. Mittlerweile finde ich haben wir uns so etwas in der Art auch verdient. Wie sonst sollte auch ein EuroNight-Zug ausgestattet sein? Wie die Geschichte ausgegangen ist, kann sich jeder denken. Wir haben keine Liegesitze gebucht, stattdessen landen wir in einem Sechser-Abteil – drei Plätze sind bereits belegt. Andere Abteile sind noch völlig frei, aber reserviert ist reserviert und wer weiß wie lange die anderen Sitze noch verfügbar sind. Wir geben uns unserem Schicksal hin. Die neuen Freunde stammen aus Vancouver, wie sich heraus stellt. Zwei Damen und ein Herr, geschätzt acht bis zehn Jahre jünger als wir und natürlich mit Interrail-Ticket für zwanzig Tage auf großer Europatour. Macke und ich, ansonsten nicht auf den Mund gefallen, haben keine große Lust auf die Truppe und hätten gern lieber unsere Ruhe. Daher reden wir nur das Nötigste/Höflichste und versuchen etwas Entspannung zu finden. Vergebens… Bis Salzburg großes Gelawer bei den aufgedrehten Herrschaften. Alles ist „Pretty cool" oder wird mit „That's fun" kommentiert. Nerv!

In der Mozartkugel-Stadt legen wir einen längeren Zwischenstopp ein, scheinbar wird auf einen weiteren Zug gewartet. Da Macke und ich sowieso keinen dauerhaften Schlaf finden können, vertreten wir uns die Beine ein wenig an der frischen Luft. Bei dieser Gelegenheit lernen wir Andrea kennen. Sie kommt ursprünglich aus dem Osten, arbeitet in einem Hotel in München und ist mit ihrer Clique auf dem Weg nach Budapest. Auf dem Bahnsteig erzählt sie uns, dass sie zwei Trikots dabei hat, aber noch kein Ticket für das Spiel besitzt. Macke und ich hingegen haben zwei Tickets für das Spiel, aber keine Trikots dabei.

Während wir da so stehen und schwätzen taucht plötzlich die kanadische Fraktion aus unserem Abteil auf. Scheinbar haben sich die drei spontan dazu entschlossen den Zug zu verlassen. Eventuell sind sie den Verlockungen der beleuchteten Altstadt erlegen. Egal, sollen sie gehen, wir atmen auf und verabschieden uns besonders freundlich. Endlich etwas Schlaf! Wir lassen Andrea links liegen und eilen zurück ins Abteil. Die Freude über Ruhe und einen leichten Dämmerschlaf währt nicht lange. In Linz, neunzig Zugminuten nach Salzburg, wird unsere traute Zweisamkeit jäh gestört. Vier Kumpels, die eindeutig schon vorgeglüht haben, stürmen unser Nachtlager gegen 3:40 Uhr. Schnell stellt sich heraus, dass die Begleitung bis Budapest anhalten wird, ein Billigsaufwochenende ist geplant. Stark übernächtigt spuckt uns der Zug um kurz vor neun am Freitagmorgen in der ungarischen Hauptstadt aus. Geschafft und weiter geht's. Kohle umtauschen und Hotel suchen. Beides ist schnell geschehen. In der Nähe des Bahnhofs befinden sich natürlich reichlich Banken und Wechselstuben, wir vertrauen unsere je fünfzig Euro der Raiffeisenbank an und nehmen die ungarischen Forint entgegen. Das Best Western - Hotel befindet sich in der

Nähe, Steinwurfweite zum Bahnhof. Das schaffen wir gerade noch. Kurze Ruhepause im Zimmer und dann nichts wie auf in die City!
Spätestens der Blick aus dem Hotelzimmer, Betonplattenhinterhofromantik, fördert unseren Entschluss die Stadt so schnell wie möglich zu erkunden. Ohne festes Ziel mit einem geliehenen Reiseführer aus der Frankenberger Stadtbücherei stürzen wir los. Der Burgberg mit der Fischerbastei muss auf jeden Fall drin sein. Er ist optisch spannend und zweitens ein Häkchen mehr in meinem „1000 Places to see before you die" - Buch. Leider entpuppt es sich als äußerst blöde Idee Budapest mit meinen neuen Vans und ohne Wechselschuhe in Angriff zu nehmen. Blasen an beiden Füßen werden später die Folge sein, aber ich schlage mich für meine Verhältnisse recht tapfer.
Wir gehen Richtung Donau. Die Gebäude rechts und links von uns könnten genauso gut in Wien stehen. Mir fällt eine Kneipe ins Auge, die ihren Eingangsbereich mit einem echten Fußballtor dekoriert hat. Die Geschäfte der Innenstadt bieten westeuropäischen Standard: H&M, Mc Donald's usw. Sind jedoch nur Beiwerk zu den vielen architektonisch schönen Gebäuden und Kirchen.
In unmittelbarer Nähe der Sankt Stephans Basilika findet ein Straßenfest mit Bühne und Live-Musik statt. Ein ungarischer Bonnie-Tyler-Verschnitt wird von der beachtlichen Zuschauermaße abgefeiert. Man scheint die Dame zu kennen. Dennoch fühle ich mich an eine ähnliche Veranstaltung in Solingen erinnert, als dort die „Bergische Gitte" aufgetreten ist. Mir völlig unbekannt, aber sie hatte ihre Fans. Macke und ich lauschen dem Treiben für eine Weile und ziehen dann weiter.
Die von uns angestrebte Donaubrücke ist bald erreicht. Begeistert stellen wir fest, dass sich die Fischerbastei be-

reits in Sichtweite befindet, das Wetter trägt zur guten Stimmung bei. Wir erklimmen den Burgberg und genießen die Aussicht auf die Stadt und das beeindruckend Parlamentsgebäude. Etwas verwundert sind wir über eine Bausünde, die sich hinter uns befindet. Recht ungeschickt hat man versucht das örtliche Hilton Hotel in das Gesamtkonzept des Burgbergs einzuarbeiten, dies ist nur bedingt gelungen.
Als wir uns wieder an den Abstieg machen, gibt es was auf die Augen. Macke und ich platzen in eine Fotosession. Plötzlich stehen circa zwanzig Junge Damen vor uns, die allesamt leicht bekleidet mit Scherpen wie bei einer Miss-Wahl posieren.
Am Rande des Burgbergs entdecken wir das Felsenkrankenhaus-Museum. Dort befand sich scheinbar in den letzten Kriegsjahren ein verstecktes Luftschutzkrankenhaus. Wir sind sehr interessiert, doch genauso stark vom Eintrittspreis abgeschreckt. Touristennepp preislich auf Westniveau angesiedelt. Macke und ich nutzen wenigstens mal die original erhaltenen Toiletten und kehren der Einrichtung danach den Rücken zu. Erstaunlich wie viel hier trotz der Ticketpreise los ist und damit meine ich nicht die Toilette, sondern die Ausstellung als solche.
Zurück in der Innenstadt suchen wir ein Lokal, in dem man zu einem vernünftigen Preis-/ Leistungsverhältnis essen und trinken kann. Wir setzen uns an einen der Tische im Außenbereich. Mittelfristig führt der Weg erneut zur Toilette. Macke berichtet mir „da drin ist alles voller Manowar-Sachen"! Na nu? Geh ich doch mal gucken. Und tatsächlich, sind etliche limitierte LPs der Band in Altarform aufgebaut. Die Wände sind über und über mit Fotos des Inhabers mit Musikern verschiedener Bands bestückt, egal ob es Steve Harris von Iron Maiden ist (Bild wahrscheinlich aus den 80ern), Ronnie James Dio oder eben die

Herren von Manowar. Natürlich fällt dem Wirt auf, dass ich so lange bei den Bildern stehe und sie abfotografiere. Er ist stolz wie Oskar auf seine Errungenschaften und verwickelt mich in ein Gespräch, das man schon bald als Verkaufsgespräch bezeichnen kann. Wie sollte es anders sein, Manowar wissen von seiner Kneipe, klar, glaube ich. Finden die Amis bestimmt total toll, dass es solche Fans gibt. Mein neuer Freund berichtet überschwänglich, dass ihn die Band besucht hätte und dies für die neue DVD „Hell on Earth 5" festgehalten wurde. Nicht unbeeindruckt spreche ich meine Begeisterung aus, damit soll es dann aber auch gut sein! Aber, oh große Überraschung… die Scheibe gibt es bei ihm an der Theke extrem überteuert zu kaufen. So beeindruckt bin ich dann doch nicht, grad mal bei Ebay gucken… Ach nee, muss wirklich nicht sein. Nach diesem Zwischenstopp der etwas anderen Art, geht es weiter zu Fuß durch die Stadt um mittelfristig beim Stadion zu landen und schon mal Witterung für den nächsten Tag aufzunehmen. Es ist perfekt schon so früh am Anreisetag in Budapest zu sein, auch wenn wir nach der vergangenen Nacht etwas zu kämpfen haben. Macke und ich schlendern ziellos durch die Gegend und landen schließlich am Ende einer Allee in einem weiteren Volksfest, Zielgruppe hier ist allerdings die Familie mit Kind. Das Ganze spielt sich in einer Parkanlage ab, die zu einem burgähnlichen Anwesen unweit des Heldenplatzes gehört. Wir schlagen die Zeit tot indem wir Kindern beim Fußballspielen zu gucken, lokale Spezialitäten probieren und uns mit dem ungarischen Schwäbisch Hall - Fuchs fotografieren lassen.
Etwas versteckter, doch den potentiellen Kunden wohl bestens bekannt, entdecken wir einige puristisch eingerichtet Verkaufsstände. Ein Händler hat sich auf das Geschäft mit BHs spezialisiert. Sein Laden besteht fast ausschließ-

lich aus 15 Metern Wühltisch, jeweils bis zu einer Höhe von fünfzig Zentimeter mit der heißen Ware gefüllt. Das Geschäft brummt! Mist, bin scheinbar in der falschen Branche tätig.

Nach diesem Kulturmix wollen wir uns das Stadion doch mal näher ansehen, übrigens nicht weit weg vom Hotel gelegen, also haben wir eine große Runde durch die Stadt gedreht. Doch diesem gewaltigen Konstrukt osteuropäischer Stadionkunst ist nur schwer zu Leibe zu rücken, es wird weiträumig von hohen Stahlzäunen umrahmt. So müssen für heute ein paar Fotos von weitem reichen. Ich mag diese überdimensionierten Flutlichtmasten... hach, schön hier zu sein. Nächster Stopp ist in einem neuen Einkaufszentrum geplant, dass zwischen Stadion und Bahnhof liegt. An einer Kreuzung irren ein paar Mädels umher, gerade mit dem Bus aus Maribor in Slowenien angekommen. Keine Ahnung, ob das jetzt Respekt verdient und sehr weit weg ist. Wir unterhalten uns ein wenig und gehen gemeinsam zum Einkaufszentrum.

Auch diese Shopping Mall ist sehr westlich eingerichtet, könnte genauso der City-Point in Kassel sein. Dennoch finden wir eine Nahrungsaufnahmestelle mit lokalen Spezialitäten, wie immer gilt: Mc & Co. nur im absoluten Notfall. Ich stelle mir ein bisschen was zusammen und lasse es mir schmecken. Leider ist das Vergnügen nicht von langer Dauer, nächste Ausfahrt Fliesenabteilung... Als es mir wieder besser geht verjubele ich einen Großteil meiner Forint in einer CD-Abteilung, die überraschend gut sortiert ist. Inzwischen ist Macke verschollen und auf dem Handy nicht zu erreichen. Ich sehe mich schon in Erklärungszwang unserer Mutter gegenüber, nicht, dass er nicht selbst auf sich aufpassen könnte, aber da kommt dann plötzlich der große Bruder in mir durch. Zurück zum Hotel. Auch dort keine Spur von ihm... Kaum noch für mög-

lich gehalten taucht er dann doch noch auf. Er ist noch mal spontan zu einem Fahrradladen zurückgegangen, den wir kurz vorm Stadion passiert haben... Mann! Naja, da ich vor lauter Warterei im Hotelzimmer eingenickt bin, kann meine Panik nicht allzu groß gewesen sein.
Nach ein bis zwei Stunden Erholung haben wir uns für den Abend einen Kinobesuch vorgenommen. Wir müssen die Kohle schließen verjubeln, vieles ist doch verhältnismäßig günstig. Das Kino befindet sich nicht wie in meiner romantischen Vorstellung in einem schnuckeligen Gebäude in der Altstadt, da gab es vielleicht früher mal Lichtspieltheater. Nein, es verschlägt uns wieder ins Einkaufszentrum. Mit großer Vorfreude stürme ich auf den Popcorn-Fachverkäufer zu und erwerbe eine Großpackung. Schnell stellt sich heraus, dass das Zeug salzig ist. Sorry, dass ist mir in einem deutschen Kino noch nie passiert und wenn wird man vorher gefragt. Ich esse es notgedrungen, andere Länder, andere Sitten - wir wollen uns ja den lokalen Gegebenheiten anpassen.
Die neue Robin Hood-Verfilmung in Englisch mit ungarischem Untertitel soll es an diesem Abend sein. Da der Streifen im Mittelalter spielt und sich die Sprache von damals nur geringfügig mit unserem Schulenglisch deckt, konzentrieren wir uns auf den ungarischen Untertitel und versuchen Wörter wiederzuentdecken. An dieser Stelle muss ich zu meiner Schande gestehen, dass KISS parallel zu unserem Kinobesuch in der Stadt spielen. Ja, richtig, KISS! Wollte ich meinem Bruder nicht antun und da ich die Band auf jener Tour ohnehin zwei Mal sehen sollte, war dies zu verschmerzen, auch wenn es eigentlich cool gewesen wäre...
Am nächsten Morgen lassen wir uns Zeit und es uns gut gehen. Nach dem gemütlichen Frühstück, in unserem Hotel befindet sich übrigens die Judo-Mannschaft von Aser-

baidschan, schlendern wir in die Stadt. Auf dem Weg sehen wir „Tower", mit dem Mönchengladbacher Fanbetreuer war ich einst in Liverpool, nur um an dieser Stelle mal was über Fußball zu schreiben. Bis zum Anpfiff am Abend lungern wir in Geschäften und Kneipen rum und lassen uns ansonsten von der Sonne verwöhnen.

Am Stadion tauschen wir unsere Ticket-Voucher nach Vorlage des Persos gegen die tatsächlichen Eintrittskarten ein. Rund um den Gästeeingang werden wir von einem erhöhten Polizeiaufgebot in Kampfmontur erwartet. Manche fühlen sich durch diese Präsenz aufgefordert, ein paar Sprüche von sich zu geben und somit ihr geistiges Niveau preis zu geben. Ich hingegen freue mich einfach ein weiteres osteuropäisches Stadion mit noch immer vorhandenem kommunistischem Flair zu betreten. Bei der Gelegenheit frage ich mich, wie viel wohl die Einheimischen für ein Ticket auf den Tisch legen mussten. Wir, auf Höhe der Eckfahne mussten umgerechnet fast 50,- Euro inklusive Versand berappen.

Außerhalb des Gästeblocks, der von Sicherheitskräften bestens betreut wird, ist das Stadion relativ dürftig gefüllt. Nur auf der durch einen nicht besetzten Block von uns getrennten Haupttribüne und der Heimkurve hinter dem gegenüberliegenden Tor, befinden sich noch nennenswerte Mengen an Zuschauern. Der Oberrang bleibt komplett frei. Beim Blick auf die Zaunfahnen und die an den Toiletten befestigten Aufkleber wird schnell klar, dass sehr viele Deutsche aus dem Osten der Republik angereist sind. Auf dem Spielfeld passiert in den folgenden 90 Minuten nichts Außergewöhnliches. Macke und ich vertreiben uns die Zeit mit schwätzen, fotografieren und Leute beobachten. Wahrscheinlich noch nie zuvor habe ich eine so große

Anzahl von Leuten mit Thor Steinar-Klamotten, T-Shirts der Marke Hooligan oder mit Aufdrucken wie „Vizeweltmeister 1945" gesehen, wobei die nicht alle aus dem Osten kamen! Nicht, dass dieser Satz und der Hinweis auf die vielen Ostdeutschen im falschen Zusammenhang gesehen wird.
Die Reihen hinter uns werden irgendwann immer unruhiger, wenn sie nicht gerade „Wir sind wieder einmarschiert" oder vergleichbares singen. Sprüche wie „die klatschen wir" machen vermehrt die Runde. In den Reihen hinter uns wird es zunehmend hektischer. Es herrscht große Betriebsamkeit bis schließlich nach zwei Drittel des Spiels ca. 50 bis 60 Personen den Block verlassen. Vermutlich auf dem Weg Richtung Ausgang Heimblock...

Solches Verhalten, solche Gesänge und Klamotten habe ich in dieser Menge noch bei keinem deutschen Auswärtsländerspiel erlebt, weder in der Schweiz, noch in Österreich, Wales, Liechtenstein oder später Russland und der Türkei. Beim Verlassen des Stadions herrscht immer noch eine gewisse aggressive Grundstimmung. Wir dürfen nicht sofort raus. Ob die angesprochenen Herren den Block der Ungarn, mit ihrer Taktik früher abzuhauen, tatsächlich erreicht haben ist mir nicht bekannt. Nach dem Spiel bekommen wir zwar vermehrt mit, dass die Polizei Einsätze fährt, aber das muss damit nicht unbedingt im Zusammenhang stehen. Alles in Allem ist es über große Teile des Spiels sehr unruhig und aggressiv im deutschen Block.

Macke und ich streben dem Hotel zu. Lena Meyer-Landrut und der Eurovision Song Contest warten auf uns. Wir sind rechtzeitig auf dem Zimmer um die Entscheidung live mitzubekommen. Überglücklich bejubeln wir den nicht erwarteten Erfolg unserer persönlichen Favoritin und schlafen später, nach einem kleinen Absacker, glücklich und zufrieden ein.

Am nächsten Tag, dem Abreisetag, beabsichtigen wir, unsere restlichen Forint in Reiseproviant zu investieren. Doch das ist gar nicht so einfach. Unsere getauschten 50,- Euro mussten tatsächlich nicht noch aufgestockt werden, Budapest ist im Verhältnis wirklich außerordentlich günstig.
In Bahnhofsnähe betreten wir ein Lebensmittelgeschäft um unser Vorhaben in die Tat umzusetzen. Vieles kostet ungefähr ein Viertel von dem was wir in Deutschland gezahlt hätten, Brötchen sind für sieben Cent erhältlich. Snickers oder Coca Cola liegen hingegen preislich auf Westniveau - ich stürze mich in erster Linie auf solche Produkte. Während Macke, der sich im Gegensatz zu mir keine CDs gekauft hat, und noch etwas mehr Geld übrig hat (wie früher mit den Eltern im Nordsee-Urlaub), vor einer noch größeren Herausforderung steht. Neben den günstigen Dingen für die Rückfahrt freut er sich besonders über den billigen Kaffee und deckt sich ein. Geld alle, ab in den Zug.

Roster & Bemme

Es ist Dienstag, in wenigen Tagen geht es los. Das Wetter erinnert mich stark an meinen letzten mehrtägigen Fußballtrip in den Osten der Republik. Auch 2006 wurde Deutschland von einem extremen Wintereinbruch beherrscht, mit dem Unterschied, dass es damals Januar war und nicht Mitte März. Ich bin nur froh, dass ich nicht bei diesen Bedingungen quer durch das Land wandere. Für mich und diesen verrückten Marsch, den Sebastian gerade von Polen nach Holland zurück legt um darüber einen Reisebericht zu schreiben, gibt es sowieso kein ideales Wetter.
In den kommenden eineinhalb Wochen werde ich meine Zelte in der Nähe von Frankenberg/Sachsen aufschlagen. Eine Feriewohnung in Flöha ist das Ziel meiner Träume. Sicher, ich habe Ort und Zeit meiner Tour abhängig von einigen bestimmten Spielen ausgewählt, doch der Fußball wird fast zur Nebensache. Ich will mir eine Auszeit gönnen, ja und sicher auch ein paar Spiele gucken. Chemnitz, Jena, das neue Stadion in Dresden, Zwickau und Auerbach stehen auf dem Programm. Zwischendurch ist noch ein Abstecher zu Sandy, Felix und Andreas nach Mühlhausen geplant.
Wenn ich so aus dem Fenster gucke, hoffe ich einfach auf ein paar ruhige Tage, Zeit zum Lesen und Schreiben, und dass natürlich keine Begegnung dem Schnee zum Opfer fällt.
Vor der Abfahrt habe ich mir bereits Karten für Chemnitz gegen Bielefeld, Jena gegen Lok Leipzig und Dresden gegen Köln gesichert.

Meine Unterkunft befindet sich am Rand der Kleinstadt Flöha auf einem ehemaligen Bauernhof. Hier lässt es sich

bestimmt gut aushalten! Am ersten Tag gleich der erste Schock. Der Chemnitzer Morgenpost entnehme ich, dass Jena gegen Lok Leipzig für den Sonntag abgesagt wurde. Im letzten Herbsturlaub hatte es ebenfalls nicht geklappt ein Heimspiel vom FC Carl-Zeiss unterzubringen. Nicht, dass mir das Projekt Jena noch zur unendlichen Geschichte wird. Also lasse ich mich überraschen, wann das Match nachgeholt wird, noch gibt es Alternativen in Nordhausen oder Halle, bzw. Damen-Handball in Chemnitz. Ich werde die morgige Tagespresse abwarten. Fest steht, dass morgen Chemnitz gegen Bielefeld stattfindet und ich im Anschluss nach Mühlhausen fahren werde.
Heute ist Freitag, Ruhe vor dem Sturm. In ostdeutschen Unterkünften suche ich nicht bewusst nach Relikten aus längst vergangenen DDR-Zeiten, doch manchmal passiert es einfach. Diesen Dingen kann man einen gewissen Reiz nicht absprechen, ich erinnere da besonders an meine Bettwäsche in Colditz, mit der Aufschrift „Gesundheitswesen".
Meine Ferienwohnung ist deutlich moderner eingerichtet als die angesprochene Jugendherberge, daher wird sie wahrscheinlich nicht mehr zu bieten haben, als die Teller mit Blumenmuster und der rückseitigen Aufschrift „Made in GDR".
Den Samstag beginne ich entspannt, dass ich bereits gegen halb sechs wach werde macht mir nichts aus. Ich raffe mich auf, mache mir Kaffee und Frühstück, um dann den Donnerstags-„kicker" durchzugehen – natürlich gilt mein besonderes Augenmerk den Geschehnissen unterhalb der ersten Liga, in Vorbereitung für heute und die nächsten Tage.
Die Fußballfahrten sind bei mir in den vergangenen zwei Jahren etwas zu kurz gekommen, dafür geht einfach nichts über eine mehrtägige „Sinnlos"-Fahrt wie diese hier. Es

muss und wird nicht die WM 2014 in Brasilien sein. Diese Veranstaltung reizt mich nicht so sehr, mein Ziel bis dahin ist endlich alle Stadien der ersten und zweiten Liga gesehen zu haben.

Nochmal hinlegen oder aufschwingen… Ich entscheide mich für letzteres mit dem Ziel, Flöha zu erkunden. Draußen ist es zwar schweinekalt („Finger-aus-Fenster-halt"-Test), aber dennoch angenehm sonnig. Ein Blick auf den Stadtplan. Ich entdecke nie gehörte Straßennamen wie „Zur Baumwolle" (zieht sich durch den halben Ort), „Turnerstraße" oder „Am Personenbahnhof" – alles jedoch nichts gegen „Straße der Bauarbeiter", das war allerdings irgendwo anders im Osten.

Ausgestattet mit der neuesten Tagespresse (bei den hiesigen Preisen gönne ich mir zwei Zeitungen), erworben im Personenbahnhof, kehre ich von meiner Exkursion zurück. In dem ruhigen verschneiten Städtchen kann man es gut aushalten. Auf Umwegen finde ich sogar die Sparkasse um die Ferienwohnung zu bezahlen. Eine repräsentative Postkarte lässt sich ebenfalls erwerben. Ein Arbeitskollege hatte sich kürzlich über die Postkartenwand in der Büroküche beschwert. „Teneriffa, Gran Canaria, Türkei… nie mal was Exotisches!". Bitte, kann er haben. Hier sind die abgebildeten Sehenswürdigkeiten Flöhas: Rathaus, Bahnhof, Sparkasse (!) und Hochhäuser (!!). So werde ich gleich meine erste freiwillig verschickte Urlaubspostkarte seit Jahren auf den Weg bringen. Ich hoffe Frank freut sich!

Gegen Ende meines Rundgangs entdecke ich die Flutlichtmasten des örtlichen „Auenstadions". Bei dieser Bezeichnung muss ich zwangsweise an das Auenland aus „Herr der Ringe" denken. Auf dem schneebedeckten Nebenplatz haben sich heimische Sportler zu einer Laufein-

heit versammelt. Das Stadion ist mit einer kleinen aber feinen Haupttribüne ausgestattet, sogar einige Reihen Plastikschalensitze sind vorhanden. In der Stadiongaststätte wird „Kaßler" angeboten, das brennt mir als Nordhesse natürlich besonders in den Augen! An der Schreibweise muss eindeutig noch gearbeitet werden, aber Hauptsache es schmeckt! Ein paar Meter weiter entdecke ich das nächste lyrische Highlight. Mit einem Hinweis wird das „Betreten und Abstellen von Autos" untersagt.
Zurück in der Ferienwohnung, zweites Frühstück, Zeitung lesen und Postkarte schreiben. Im gut sortierten Sportteil der Morgenpost lese ich, dass das für Mittwoch angesetzte Spiel Zwickau gegen Magdeburg ebenfalls gefährdet ist. Dann werde ich wohl von Tag zu Tag planen müssen. Nordhausen und VfL Halle sind noch nicht abgesagt, ansonsten gucke ich Frauenhandball in Chemnitz, die Veranstaltung ist wenigstens nicht vom Wetter abhängig.
So, ein paar Klamotten für die Übernachtung in Mühlhausen eingepackt, Ticket für Chemnitz gegen Bielefeld geschnappt, auf geht's.

Trotz Umleitung erreiche ich das Stadion „An der Gellertstraße" in knapp zwanzig Minuten. Das Navi führt mich an den Rand eines Wohngebiets und schon tauchen die Flutlichtmasten auf. In Zeiten der modernen Arenen leider keine Selbstverständlichkeit mehr. Früher waren Stadien in Großstädten so leicht auszumachen wie Kirchen in Dörfern.
Bis zum Anpfiff sind es noch ungefähr neunzig Minuten. Wenig motiviert nehme ich die nähere Umgebung rund um das Stadion in Augenschein. Mein Auto steht an einer Tankstelle, sie und eine benachbarte Bierbude dienen den Fans auf dieser Seite des Stadions als Anlaufstelle. Ich gehe weiter stadteinwärts. Gerne würde ich mir die Karl-

Marx-Statue angucken, aber zum Zentrum ist es dann doch zu weit.
Das Wohngebiet wird von leerstehenden Häusern und Geschäften geprägt. Immer mehr Fans kommen mir entgegen und strömen zum Stadion. Es ist bereits ein Uhr durch, weniger als sechzig Minuten bis zum Spielbeginn.

Schon auf der Homepage des Chemnitzer FC hatte ich gelesen, dass der Bau einer neuen Multifunktions-Arena (wie das heutzutage fast überall heißt) geplant ist. Unweit des Stadions wurde eine entsprechend große Hinweistafel aufgestellt. Hier nun also die Fakten: Ab Ende 2012 solle mit dem Umbau (!) des alten Stadions „bei laufendem Spielbetrieb" begonnen werden. So, ein Umbau, ich war von einem kompletten Neubau ausgegangen. Vom Beginn der Arbeiten ist nichts zu sehen. Zum Glück! So kann ich das Stadion, wie damals in Dresden, noch im ursprünglichen Zustand erleben.
Nach der Wende wurde am Stadion offensichtlich nicht viel modernisiert. Der Eingangsbereich hat definitiv eine Überarbeitung erfahren, wirkt jedoch mit seinem hellblauen Anstrich schon jetzt retro. Eigentlich müsste ich „himmelblauer Anstrich" schreiben, da der CFC den Beinamen „die Himmelblauen" hat. Sorry, aber als ich das zum ersten Mal gelesen habe, musste ich zwangsweise an die Schlümpfe denken.
Nach der Einlasskontrolle („Haben Sie noch weitere Feuerzeuge dabei?") versinke ich im teilweise knöcheltiefen Schneematsch. Die Bodenverhältnisse bleiben bis zum Betreten des Blocks unverändert schlecht. Auf dem Weg dorthin verteilen ein paar Mädels Gummibärchen und Flyer im Auftrag der örtlichen Sparkasse, außerdem wird eine „Kundenbefragung" zum Stadionumbau durchgeführt. Es soll das Wohlbefinden beim Endkonsumenten ermittelt

werden: „Wie häufig besuchen Sie die Heimspiele des CFC?" oder „ Würden Sie, nach Umbau des Stadions häufiger zu den Heimspielen des CFC kommen?". Na wenn wir schon so weit sind, dass die Qualität des eigenen Stadions davon abhängt, ob man zu den Spielen geht, dann gute Nacht...
Gerne hätte ich mir mit der Teilnahme an der Umfrage die Zeit vertrieben, werde jedoch nicht angesprochen und erhalte lediglich ein Tütchen mit Gummibärchen.

Über marode Reste von Treppenstufen erreiche ich die Gegengerade. Stehplätze, unüberdacht: Jawoll! Beim Stadion „An der Gellertstraße" handelt es sich um ein reines Fußballstadion, außerhalb der überdachten Haupttribüne besteht es nur aus Stehplätzen. So soll es sein! Von mir aus muss diese Einrichtung nicht komplett auf links gedreht werden, die eine oder andere Ausbesserung würde vollkommen ausreichen. Schade, dass auch dieses einfache, alte Stadion weichen muss. Die Anzeigentafel besteht nur aus „Chemnitzer FC" und „Gäste" der Spielstand ist noch mit entsprechenden Tafeln manuell anzubringen.

Ich habe Hunger und scheitere beinahe beim Versuch mir etwas zu essen zu kaufen. Eine Bratwurst könnte ich mir schon gut vorstellen. Auf der Karte finde ich leider keine Bratwurst. Beafsteak, Rauchwurst und Roster werden angeboten. Ich frage nach, um was es sich bei Roster handelt. Die Dame ist so verblüfft, dass sie nur mit „Jo ham wer noch welche da!" antwortet. Sie zeigt hinter sich. Ahh... Roster ist gleich Rostbratwurst! Ja, hätte ich eigentlich drauf kommen können. Das Spiel in Chemnitz ist mein achtes Spiel im Osten, aber dem Begriff Roster bin ich bis dahin noch nirgends begegnet. Gemeint sind also diese hellen Dinger hinter ihr, die derzeit noch mehr an Weißwürste erinnern. Ich entscheide mich für die Rauchwurst, eine gut gewürzte Rindswurst und bin sehr zufrieden mit meiner Wahl.

Die Verantwortlichen sind glücklich, dass das Spiel trotz des starken Schneefalls der letzten Tage ausgetragen werden kann. Die lokale Presse kann sich einen Seitenhieb nach Westdeutschland und insbesondere Darmstadt nicht verkneifen. Dort sollte der CFC Mitte der Woche zum Punktspiel antreten. Nach mehreren hundert Kilometern Anfahrt erfuhr man von der Absage, zu der es unter anderem kam, weil im dortigen Stadion „Am Böllenfalltor" keine Rasenheizung vorhanden ist. Auch ich bin glücklich, dass Chemnitz gegen Bielefeld ausgetragen wird. Planungssicherheit ist in diesen Tagen eine Seltenheit.

In aller Ruhe werden die letzten Zaunfahnen im Bereich der Gegengeraden und hinter dem Tor befestigt. Das geschieht so gemütlich, dass die Ultras gerade rechtzeitig zum Einmarsch der beiden Mannschaften fertig werden. Dann wird Gerdl vom Stadionsprecher gesucht. Plötzlich taucht er, offenbar später als vorgesehen, an der Ecke Gegengerade/Fankurve auf. Unter Applause und angefeuert vom Stadionsprecher begibt er sich zum zentralen Block hinter dem Tor. Von den Ultras wird ihm eine große CFC-Fahne mit labbeliger Plastik-Fahnenstange überreicht. Auf los geht's los. Wie von der Tarantel gestochen startet der Endvierziger mit Wollmütze - dem Publikum winkend - seinem Lauf vorbei an der Gegengerade und dem Auswärtsblock. Die Rollstuhlfahrer werden abgeklatscht (ihre Vereinigung nennt sich hier passend „Rollender Mob"), Gerdl streckt die Daumen in Richtung Haupttribüne und schon ist sein rasanter Auftritt zu Ende. Ein echtes Origi-

nal aus dem Volk. Wer ihn wohl zu dieser Aufgabe berufen hat?
Mit meinem Stehplatz in Nähe der Mittellinie bin ich sehr zufrieden. Die leichte Sichtbehinderung, verursacht durch die ungünstig platzierten Lautsprecher, stört mich nicht weiter. Penetranter ist dagegen der dickliche junge Herr vor mir. Er hat sich scheinbar eine komplette Flasche After Shave der Marke „Cool Water" von Davidoff über den Kopf geschüttet. Ich werde den Geruch von nun an immer mit diesem Stadionbesuch in Verbindung bringen, aber ich jammere auf hohem Niveau, es gibt Schlimmeres.

Das Publikum hadert massiv mit dem Schiedsrichtergespann. Nach den ersten Entscheidungen gegen die Heimmannschaft kann das Trio bei den Zuschauern keinen Blumentopf mehr gewinnen. Am 0:1, verursacht durch einen bösen Abwehrfehler im Kreisliga-Stil, tragen die Unparteiischen jedoch definitiv keine schuld.
Als musikalisches Highlight der CFC-Anhänger bleibt mir „Ostwestfalen, ihr Idioten. Scheiß Arminia Bielefeld" im Ohr.

Bin gespannt wann das Stadion tatsächlich umgebaut wird... Die Fahrt von Flöha nach Chemnitz war angenehm kurz, der große Ritt des Tages (von Chemnitz nach Mühlhausen sind es über 200 km), steht mir noch bevor. Mit dem Hörbuch „Fleisch ist mein Gemüse" von Heinz Strunk vergeht die Zeit aber relativ schnell.

Bei Sandy und Andreas werde ich unerwartet bekocht. Nur gut, dass ich auf dem Weg bei Mc Donald's etwas gegessen habe, aber als anständiger Gast meistere ich diese Aufgabe mit Bravour. Man muss sich auch mal quälen können. Nach anfänglichen Motivationsproblemen (An-

dreas' Bremer haben gegen Fürth nur 2:2 gespielt) entscheiden wir uns das örtliche Brauhaus aufzusuchen. Von unserem Männerabend kehren wir gegen 2:30 Uhr glücklich und müde zurück. Auf der Homepage von Wacker Nordhausen lesen wir noch, dass das morgige Spiel wegen einer Handballpartie auf 13:00 Uhr vorverlegt wurde – gut, die Nummer steht also und das Handballspiel interessiert mich ohnehin schon jetzt.
Nachdem Frühstück breche ich auf. Der Weg von Mühlhausen nach Nordhausen ist kurvenreich und sehr idyllisch, er führt mich durch Wiesen, Wälder und Dörfer. Ich gleite tiefenentspannt durch das winterliche Thüringen. Wacker Nordhausen gegen die Zweite von Dynamo Dresden findet im Albert-Kunst-Sportpark statt. Auf dem Weg dorthin fällt mir ein großes Plakat zum angekündigten Handballspiel ins Auge. Ich parke mein Auto am Stadion und gehe zurück zum Stadtzentrum. Unterwegs passiere ich die Handballankündigung erneut. Tatsächlich: Frauen-Handball „Winner Cup" gegen eine ausländische Mannschaft, Beginn ist um 15 Uhr in Nordhausen. An einer nahegelegenen Tanke beschreibt mir eine freundliche Beschäftigte den Weg zur Halle, „in zehn Minuten zu Fuß erreichbar". Ich erwerbe dort noch eine Zeitung, in der ich lesen muss, dass Charles Puyol vom FC Barcelona mit 34 Jahren als Oldie bezeichnet wird, nun morgen werde ich 34.

Ich gehe zurück zum Auto, auf dem Weg dorthin begegnet mir der Mannschaftsbus von Dynamo Dresden, und fahre zu besagter Halle, um mir schon mal einen Eindruck zu verschaffen.
Emsige Helfer laden Getränke ab, Tickets gibt es noch keine zu kaufen - dann muss es eben nach Abpfiff des Fußballspiels schnell gehen! Ich habe noch etwas Zeit,

also mache ich es mir mit Cola und Cookies bei Subway bequem um ein wenig zu schreiben.

Ich fahre zurück zum Stadion und bin mir früh sicher, meinen alten Parkplatz von vorhin verloren zu haben. Bereits mehrere hundert Meter vom Sportpark entfernt parken Autos am Straßenrand und freudig erregte Menschen strömen in DIE eine Richtung. Am einzig geöffneten Kassenhäuschen hat sich eine Schlange von mehreren Metern gebildet. Mein Parkplatz ist selbstverständlich futsch und der daneben auch, sogar in der ersten Seitenstraße gibt es für mich nichts mehr zu holen, in der zweiten finde ich eine gute Position für mein Auto, schließlich muss es nach dem Spielende schnell gehen.
Ich schließe mich der Reihe Wartender an. Mit sechs Euro bin ich dabei. Haupttribüne (mit Sitzplätzen ausgestattet) und eine Hintertorseite sind überdacht. Mit Entzücken stelle ich fest, dass es auch in Nordhausen eine kleine Szene gibt. Sieben oder acht Zaunfahnen wurden angebracht. Unter anderem ist von der „Wackerfront" zu lesen und zu hören, es wird gelegentlich supportet - für ein Oberligaspiel mit 500 Zuschauern nicht selbstverständlich. Auch unabhängig von den Anfeuerungsrufen macht dieser Zuschauerbereich während des Spiels mehrfach akustisch auf sich aufmerksam. Einer der Kameraden vertreibt sich die erste Halbzeit damit, das Stadion mit den krassesten Rülpsern zu beschallen die ich jemals gehört habe. Das Volk grölt vor Begeisterung. Der Herr hat allerdings leichtes Spiel. Die Hintertortribüne besteht nur aus knapp fünf Stufen und er bölkt so direkt unter das Tribünendach.

Meinen Platz beziehe ich wie am Vortag auf Höhe der Mittellinie, Gegengerade. Ich stehe bei einem Pulk Rentner, sowie einer Hand voll Dresdner direkt zwischen den

beiden Trainerbänken. Mein Ziel ist es, so ein paar O-Töne aus beiden Lagern aufschnappen zu können. Bis zum Anpfiff sind es noch ein paar Minuten, erneuter Blick in die Zeitung. Der erste O-Ton des Gästetrainers gilt… mir.
„Hey, jetzt mal die Zeitung weg legen. Geht gleich los hier!" Gelächter der umstehenden Zuschauer und „danke für den Hinweis" von mir. Größe und Humor beweisen, ist in solchen Situationen wichtig! Schön, um so was geht's doch beim Fußball und nicht um Puyols Knie-OP und wie viele Tore Messi schon wieder geschossen hat.
Das Spiel ist schnell, Wacker aktueller Spitzenreiter, Dynamo II belegt einen Platz im vorderen Mittelfeld. Die Einheimischen wollen es von Beginn an wissen. Der Dresdner Mannschaft um Lars Jungnickel (besonders aus seiner Zeit bei Energie Cottbus in der Bundesliga bekannt) merkt man an, dass sie sich noch für höhere Aufgaben empfehlen will. Herr Jungnickel steht natürlich unter besonderer Beobachtung von mir. Er ist im Spielaufbau Dreh- und Angelpunkt, fällt jedoch auch durch seine besondere Bräune (Sonnenstudio?), gelegentlich divenhaftes Verhalten und spektakuläre Flugeinlagen auf.
Zwischen den Trainerbänken kochen die Emotionen hoch. Linienrichter, Dresdner Trainer und Spieler werden beschimpft und schimpfen zurück. Besonders tun sich die Rentner mit Krücken hervor! Schließlich schreiten Ordner ein um die Herrschaften zu beruhigen, der Erfolg ist jedoch nicht von langer Dauer.
In Hälfte zwei komme ich mit einigen Dynamo-Anhängern ins Gespräch die häufig zu den Spielen ihrer Mannschaft fahren. Sie stammen aus der Nähe von Nordhausen, schon 'ne Ecke weg von Dresden – ungefähr 250 km. Ich bin sehr überrascht zu erfahren, dass die Fußballbegeisterten aus der Gegend fast ausschließlich Fans von Westvereinen sind. An Ost-Clubs wäre maximal eben Dynamo Dresden

ein Thema. Mein Hauptgesprächspartner (scheinbar Lehrer, er spricht davon bald Osterferien zu haben) erzählt, dass seine Familie Angehörige in England besucht und er bis zu deren Rückkehr zu Hause tapezieren soll. Er schließt nicht aus, dass der Fußball dieses Unternehmen gefährden könne. Auch er will noch zum Handball und empfiehlt mir die Veranstaltung mit den Worten „sind schon ein paar Hübsche dabei!". Eine Karte habe er schon.
„Wo parke ich denn da am Besten?"
„Kurz bevor du zur Halle fährst ist auf der linken Seite ein Subway, da kannst du gut parken."
„Alles klar, kenne ich. Da habe ich heute meine Mittagspause verbracht. Danke!"

Der Rülpsende hat das Programm in den zweiten 45 Minuten geändert. Er schreit jetzt, in nicht nachvollziehbaren Abständen, als würde er am Spieß stecken.
„Kranke Idioten", kommentiert der vermeintliche Lehrer die Szenerie Kopf schüttelnd. Zur Halbzeit steht es 1:1. Das ist auch der Spielstand, als ich mich in der paarundachtzigsten Minute von meinen neuen Kumpels verabschiede. Morgen bei Dynamo gegen den FC ist die Truppe auch dabei, natürlich Höhe Mittellinie zwischen den beiden Trainerbänken ☺
Kurz nach einer Situation, in der der hundertfach geprobte Kreisligakicker (also ich zum Beispiel) zu sagen pflegt „den hätte sogar ICH rein gemacht!" verlasse ich die Lokalität. Nordhausen im Angriff. Der Ball kommt von rechts und legt die Strecke von Pfosten zu Pfosten parallel zur Torlinie in etwa einem Meter Entfernung zu dieser zurück. Der frisch eingewechselte Spieler ist ein wenig perplex, dass er plötzlich im Mittelpunkt steht und dann auch noch das Match entscheiden kann – STRESS! Statt nun das Spiel zu entscheiden, semmelt er am Ball vorbei

und steht auch nach dieser Szene noch im Mittelpunkt des Interesses, nur nicht als Held sondern als Versager.
Gut, dass ich diese Szene noch mitnehmen konnte! 88. Minute – in 17 Minuten beginnt das Handballspiel. Durch die Kälte sprinte ich zum Auto und schaffe es, das Stadion auf dem Weg in die City zu passieren, bevor die Zuschauermassen zu den Autos drängen.

Ich finde noch einen kostenlosen Parkplatz. Mit Hilfe eines Einheimischen, der auch vom Fußball zum Handball geeilt ist, und eines Schleichwegs erreiche ich die Wiedigsburghalle pünktlich.
„Gibt's noch Karten?", rufend laufe ich einem Einlasskontrolleur in die Arme. Er zeigt nach links, dort befindet sich ein mit zwei Personen besetztes Kassenhäuschen.
"Beste Kategorie, so weit wie möglich unten!"
Jetzt, unmittelbar vor Spielbeginn ist die Auswahl begrenzt. Ich investiere 14,- Euro für die zweite Reihe im Oberrang, ist aber OK, will nicht meckern.
Wie ich feststelle sind tatsächlich „ein paar Hübsche" dabei. Überhaupt ist alles „hübsch". Auf den Rängen geht es friedlich zu, keine auf Krawall gebürsteten Rentner. Gute Unterstützung, egal von welcher Tribünenseite. Rund um die Mannschaft herrscht eine familiäre Atmosphäre, in der Halbzeitpause spielt eine Torhüterin mit ihrer Tochter. Die Zeit vergeht schnell, zu schnell. Ist ja auch nicht viel dran, an so einem Handballspiel. Der Thüringer HC schickt die Spanierinnen klar und deutlich nach Hause und steht somit im Halbfinale des „Winner Cups".
Auf dem Weg zum Auto gönne ich mir noch vor der Halle eine leckere Bratwurst, wenn's beim Fußball schon keine gab… und begebe mich auf die 230 km lange Rückfahrt zur Ferienwohnung. Total müde, in Vorfreude auf einen ruhigen Abend, komme ich gegen 19 Uhr an.

Mit Whiskey-Cola stoße ich auf meinen Geburtstag an, der beim Spiel Dynamo Dresden gegen den 1. FC Köln ausklingen wird.

Der Morgen beginnt mit einem Blick aus dem Fenster und Glückwünschen aus der Heimat. Die Sonne der letzten Tage ist verschwunden, leichter Schneefall. Meine Gedanken drehen sich ängstlich um weitere Spielabsagen.
Schneit es auch in Zwickau und Auerbach? Ist der Platz in Jena wieder bespielbar? Wenn gar nichts gehen sollte, geht Frauen-Basketball am Samstag in Chemnitz.
Um dieses Mal etwas mehr von Dresden zu sehen (2006: Ankunft 28 Minuten vor Spielbeginn), fahre ich bereits um 14 Uhr los. Die 75 km lege ich mit Hilfe des Navis schnell und zielsicher in einer Stunde zurück. Ich parke unweit des „glücksgas"-Stadions bei einem Schwimmbad. „glücksgas"-Stadion, wie bescheuert. Das ist kaum noch zu toppen, damit befindet sich Dresden 2013 leider in einer Liga mit dem Nürnberger „easyCredit"-Stadion und der „Schauinsland-Reisen"-Arena in Duisburg.
Für zwei Euro Parkgebühr kann ich mein Auto bis Spielende in Zentrumsnähe stehen lassen, da will ich nicht meckern.
Die erste Kirche ist schon in Sicht, also Sightseeing. Beim letzten Mal bin ich wegen des Zeitdrucks nur zufällig an ein paar alten Gebäuden vorbeigeschossen. Vorrangig, muss ich gestehen, will ich ein wenig shoppen gehen. Frauenkirche und Co. werde ich in der Altstadt schon zufällig begegnen.
Nach einem erfolgreichen Zwischenstopp im Musikfachhandel werde ich mich nun mit den historischen Highlights beschäftigen. „Wenn du schon mal da bist, dann musst du dir auch die Oper und die Frauenkirche angucken. Warst du schon an der Elbe?" Was als Geburtstagsanruf aus der

Heimat begann gipfelt (vielleicht nicht ganz zu unrecht) in einem Besichtigungsbefehl.

Mit der Frauenkirche kann ich allerdings nicht allzu viel anfangen. Ein Gebäude dieses Baustils mitten in Deutschland irritiert mich. Wie war das? Wird Dresden nicht auch „Elb-Florenz" genannt? Die Bezeichnung macht durchaus Sinn! Die Altstadt ist beeindruckend, vor allem beeindruckend groß. Historische Gebäude wohin man schaut und alles nett restauriert.

Die ersten Fans tauchen auf. Noch zwei Stunden bis zum Spiel. Zeit zur Orientierung: „Wo ging's zum Auto? An welcher Kirche bin ich auf dem Hinweg vorbei gelaufen?" Schließlich finde ich den Weg...

Ein Fußballspiel wird erträglich oder ist überhaupt nur zu ertragen, wenn man Fan einer der beteiligten Mannschaften ist oder für 90 Minuten sympathisiert. Für mich als Mitglied von Borussia Mönchengladbach und ewiger Freund des Underdogs ist die Entscheidung ganz klar, ich möchte natürlich, dass Dresden gewinnt - mögen einige Anhänger dieses Verein sein wie sie wollen. Dies sind wie immer und überall nur die wenigsten, aber auch auffälligsten und lautesten Anhänger. Dass die Kölner ebenfalls keine Kinder von Traurigkeit sind ist hinlänglich bekannt. Im Schutz der Zaunfahnen vorbereitet, werden von den Kölnern kurz vor Anpfiff ungefähr zehn rote Bengalos gezündet und recht bald auf Ordner und Spielfeld entsorgt. Später gibt es noch Böller und ein kleines Bodenfeuer in der Mitte des Gästeblocks.

Die Dresdner Kurve benimmt sich besser, ist ja auch ein Heimspiel und beeindruckt mit einer Wand aus Wunderkerzen. Unmengen an Zaunfahnen sind vorhanden, die komplette (!) Gegentribüne ist damit belegt.

„Ein Funken Hoffnung" (drohender Abstieg) und „Noch 25 Tage: Nur weil wir dich so lieben" (60. Gründungstag

steht am 12. April an), sind weitere Zaunfahnen der Ultras die jeweils für einige Minuten zu lesen sind.
Textlich haben die FC-Anhänger nur ein kurzes, zweigeteiltes Statement: „Hier sind die Kanacken…(Teil 1) um euch abzufacken! (Teil 2)". Das kann vorkommen, wenn abends nichts im Fernseher läuft, dann setzt man sich schon mal hin und sprüht tiefgründige Zweizeiler dieser Art zusammen.
Kurz vor Ende des Spiels wird ein weiteres Objekt präsentiert. „Hooligans Dynamo" ist auf weißem Hintergrund zu lesen. Die Schrift besteht aus aufgenähten rot-weißen Köln-Schals, da gab es wohl einen Übergriff, bei dem die Dresdner sich die Dinger angeeignet haben.

Dynamo hält auch auf dem Spielfeld gut mit und hat zwischenzeitlich sogar die besseren Chancen. Nach Ecken führt Dresden deutlich. Aber es sind schließlich die Kölner die treffen und mit 2:0 als Sieger vom Platz gehen.
Leider konnte ich für dieses Spiel nur eine Sitzplatzkarte ergattern, was bei nasskalten null Grad äußerst unangenehm ist. Zum Glück ist das Match abwechslungsreich, so komme ich irgendwie über die Runden.
Getränke und Essen kann man in Dresden nur, wie auch in Frankfurt, München, Schalke…, mit einer nervigen Prepaid-Karte (aufladen, bezahlen, Rückgabe) erwerben. Sonst lege ich da nicht so großen Wert drauf, aber für Zweitligaverhältnisse ist das kulinarische Angebot in diesem gelungenen Stadion äußerst mäßig – Pommes oder Schokoriegel = Fehlanzeige. Ich bin ein wenig müde und habe Lust auf ein Bier, also soll es ein Diesel sein. „Feldschlößchen Mixx" wir angeboten. Ob Diesel hier auch Diesel heißt ist mir nicht bekannt, will nicht wieder verhaltensauffällig werden wie beim Roster in Chemnitz! Also: „Ein Feldschlößchen Mixx bitte". Die Bedienung guckt

mich mit großen Augen an und reagiert mit „No", was in dieser Situation so viel heißt wie „Dann geb mal dein Plastikkärtchen her um zu bezahlen". Zeche beglichen. Er wendet sich an die Zapfkraft im Hintergrund und gibt „ein Diesel" in Auftrag. Ach weißte, wie man's macht, macht man's falsch.
Wie Vorgestern in Chemnitz haben auch die hiesigen Ordner das Feuerzeugdiplom absolviert. Pro Person darf nur ein Feuerzeug mitgebracht werden. Der Herr vor mir wird auf frischer Tat ertappt, ihm werden die Feuerzeuge Nummer zwei bis vier abgenommen! Was er damit wohl vor hatte? Das dahinter stehende Sicherheitskonzept ist schlicht und ergreifend folgendes: Sein letztes Feuerzeug wird der geneigte Raucher sicherlich nicht opfern um damit gegnerische Spieler beim Ausführen der Ecken zu bewerfen. Das Konzept geht teilweise auf, es scheinen nur die Gästefans zu werfen… Die Dynamospieler werden bei Eckstößen vorm Gästeblock von Ordnern mit Regenschirmen geschützt.
Nach diesem nasskalten Vergnügen eile ich zurück zum Auto. Ich sehne mich nach der Heizung und dem laufenden Motor.

Der leichte Schneefall gestern Morgen konnte keinen bleiben Eindruck hinterlassen. Der Schnellfall der letzten Nacht hat da einen ganz anderen Effekt erzielt. Ungefähr fünf Zentimeter Neuschnee sind in den letzten Stunden runter gekommen. Wieder stelle ich mir die bange Frage nach der Bespielbarkeit der Plätze in Jena, Zwickau, Auerbach… Wann sollen die genannten Clubs denn ihre ganzen Nachholspiele absolvieren? Also bitte! Vielleicht ist das ja ein Argument zum exzessivem Schneeschippen.

Heute ist notgedrungen „Day-Off". Nachher werde ich durch den Schnee stapfen um mich im Ort mit den neuesten Tageszeitungen zu versorgen. Vielleicht findet sich ja noch ein Drittliga Volleyballspiel... ne, keine Ahnung. Ich will auf jeden Fall die Augen für Alternativen (evt. auch Hallensport) zu den gefährdeten Partien der nächsten Tage offen halten.

Eins steht definitiv fest: Ich werde heute kein Würstchen essen, egal in welcher Variation! Draußen schneit es unaufhörlich. Im Videotext erfahre ich, dass Zwickau-Magdeburg für morgen abgesagt wurde. Gut, dass ich flexibel bin. Plauen-Neustrelitz scheint stattzufinden, noch...

Im MDR-Videotext wird diese Begegnung mittlerweile schon fast als Sensation gehandelt: "Nur Plauen spielt – Drei Absagen". Na, ich bin weiterhin gespannt.

Meinen Frühsport habe ich für heute absolviert. Die Küche musste wieder auf Linie gebracht werden, da hatte sich in den letzten Tagen doch so einiges angehäuft. Gut, dass die Ferienwohnung für bis zu sechs Personen ausgelegt ist – saubere Teller und Tassen hätte ich also noch gehabt, lediglich die Kapazität der Spüle war erschöpft.

In einer Pension wäre mir diese Aktivität erspart geblieben, aber ansonsten hätte ich dort mehr bezahlt, feste Frühstückszeiten, nicht so viel Platz, keine Stereo-Anlage um schön laut Heavy Metal zu hören und die verfügbaren Herbergen wären deutlich teurer gewesen.

Nach einem kulturellen Abstecher zum Eisenbahnviadukt Göltzschtalbrücke (der größten Ziegelsteinbrücke der Welt), mache ich mich auf den Weg nach Plauen. Das Vogtlandstadion befindet sich am Stadtrand, direkt am Wald gelegen. Die Beschilderung in der Stadt ist unterirdisch. Irgendwann tauchen dann doch die ersten Hinweisschilder auf. Dann lange wieder nichts... Plötzlich vor dem erneuten Hinweis zur Autobahnauffahrt: Stadion, Pfeil nach rechts.

Zuletzt durchfahre ich die Straßen „Nach dem Essigsteig" und „Nach dem Stadion" – grammatikalisch nicht ganz richtig, besonders letzterer Straßenname soll wohl so viel wie „Zum Stadion" bedeuten.

Gerne hätte ich nun geschrieben, dass der Rasen des Stadions eine „grüne Oase" im schneebedeckten Sachsen ist, doch darauf muss ich verzichten, rund um Plauen liegt längst nicht so viel Schnee wie im Rest des Landes. Es ist jedoch klar zu erkennen, dass hier am Waldrand eine größere Räumaktion nötig war um den Platz bespielbar zu machen.

14:27 Uhr, Ankunft. Das Stadion ist bereit zum heutigen Match, letzte Rasenpflege wird vorgenommen und „VFC – Neustrelitz 0:0" steht bereits auf der elektronischen Anzeigentafel.

Bei einem ersten Gang durch's Stadion bleibt mein Blick an einer Imbissbude hängen. Da steht tatsächlich „Hackepeterbrötchen", gut kenne ich = Gehacktes- oder Mettbrötchen. Weiter wird saisonal „Fettbemme" angeboten, schon mal gehört, mehr aber auch nicht, da bin ich mal gespannt was mich kulinarisch erwartet.

Zu meiner Schande muss ich gestehen, dass ich vom historischen Plauen wenig sehe. Wenig bedeutet: Mal so ne Kirche im Vorbeifahren. Dafür weiß ich nun, wo sich das Rotlichtviertel befindet.

Nach meiner ersten Stippvisite beim Stadion überkommt mich Hunger und ein Media-Markt - Schild erregt meine Aufmerksamkeit. Auf dem Fußweg zu Media-Markt entdecke ich einen Asia-Imbiss. Für 4,50 Euro erhalte ich eine überdimensionale Portion Ente mit Nudeln zum Mitnehmen. Angesichts dieser Ladung schwöre ich mir heute Abend keine Wurst im Stadion zu essen. Ist natürlich

Quatsch, wie sich später zeigen wird. Der sehr engagierte Asia-Mann muss von mir mehrfach und eindringlich daraufhingewiesen werden, dass ich sein Angebot an Soßen zwar sehr zu schätzen weiß, diesbezüglich für mich generell allerdings weniger mehr ist. Ich gehe zurück zum Auto um dort zu essen. Kaum in Sicherheit bricht ein sintflutartiger Regen über Plauen herein.
Die ganze Portion schaffe ich niemals. Nach weniger als der Hälfte gebe ich entnervt auf, um noch eine ordentliche Portion für die Mikrowelle in der Ferienwohnung übrig zu lassen.
Zu Media-Markt fahre ich mit dem Auto und von dort um Viertel nach sechs zum Vogtlandstadion, dieses heißt mittlerweile Sternquell-Arena (benannt nach einer örtlichen Brauerei), das lasse ich mir gerade noch gefallen. Für 8,- Euro darf ich endlich wieder im Stehen frieren.
Als ich das Gelände gegen halb sieben betrete, geht es musikalisch schwer zur Sache. Die, zu diesem Zeitpunkt, anwesende Hundertschaft Rentner bekommt gerade eine Nummer von Billy Talent in Überlautstärke vor den Latz geknallt. Das Besondere für die von Helene Fischer und Andrea Berg gestählten Ohren ist, dass der Gesang doch ein wenig häufig in hektisches Schreien ausartet. Der Südhesse würde sagen „der Sänger soll sich net so uffresche", der hiesige Ruheständler nimmt die Songauswahl lediglich mit kurzem Gemurmel zur Kenntnis.
Natürlich gibt es nach eintägiger Pause doch wieder eine Wurst vom Grill, das beigefügte Brötchen hat jedoch maximal symbolischen Wert. Schon nach wenigen Bissen merke ich, auch wenn es sich um ein ordentliches Exemplar handelt, dass ich eigentlich keine Bratwurst mehr sehen kann.
Ich vergesse nach der Fettbemme zu fragen, da sie an diesem Stand nicht angeboten wird. Festzuhalten bleibt, dass

auch die Bratwurst laut Aushang Roster heißt. Mein Vorredner bestellt klar und deutlich eine „Bratwurst", ich tue es ihm gleich und bin damit auf der richtigen Seite.
Kreisliga ähnlich herzlich wird es wenig später, als eine Dame, ausgerüstet mit einem 10er Träger-Bier die Zuschauer im Stehplatzbereich abklappert und das kühle Blonde offeriert. Ich lehne dankend ab, muss ja noch eine Weile Auto fahren.
Das Stadion ist, zwar mit deutlich geringerem Fassungsvermögen, dem Kasseler Auestadion ähnlich. Hinter beiden Toren befinden sich unüberdachte Stehplätze. Gegengerade und Haupttribüne sind mit Plastiksitzen ausgestattet, wobei nur die Haupttribüne überdacht ist (im Gegensatz zum Auestadion, dort sind beide Seiten überdacht). Die gelben und schwarzen Sitze sind so angeordnet, dass man das Kürzel „VFC" lesen kann.
Sämtliche Bereiche des Stadions wurden in den letzten Jahren erneuert, nur im Heimbereich wurden die bröckelnden Betonstufen erhalten. Eine ultraähnliche Fahne verkündet, dass es sich um die „Badkurve" handelt. Wie könnte es anders sein, auf der anderen Straßenseite befindet sich ein Schwimmbad. Unmittelbar vor der Fahne wurde sogar ein Podest zum Anheizen der Fanmassen installiert, allein es fehlt an supportwilligem Volk und jenem Anheizer.
Die meiste Stimmung kommt heute von einem Randbereich der Haupttribüne, dort haben sich ein paar jüngere Zuschauer mit New Balance-Schuhen, Lonsdale-Jacken und akkurat gebundenen Polyester-Schals versammelt.

Noch vor Beginn des Spiels wird den 579 Zuschauern eine offizielle Erklärung des Nordostdeutschen Fußballverbandes zur Aktionswoche gegen Rassismus vorgelesen. Dies hält eine Dame und zwei Herren (alle in den Fünfzigern)

nicht davon ab, einen Neustrelitzer Spieler als Bimbo zu bezeichnen. Darüber wird sich fast die vollständige zweite Halbzeit köstlich amüsiert, die ersten 45 Minuten müssen hier unprotokolliert bleiben, da ich einige Meter entfernt stand.
Neustrelitz gewinnt 2:1, begünstigt durch eine etwas ungeschickt agierende Plauener Defensive. Der VFC zeigt sich zwar lauf- und kampfstark, ist aber nicht in der Lage das Spiel gegen zum Schluss zehn Gäste (verletzungsbedingt, da Neustrelitz bereits drei Mal ausgewechselt hat) zu drehen.
Als ich das Stadion verlasse fährt ein Krankenwagen mit Blaulicht vor, scheinbar hat es den Gästespieler ernster erwischt. Mit jenem Ergebnis kann ich meinen Tipp von 0:0 komplett vergessen. Vor dem Anpfiff wurde vom Stadionsprecher auf das erstmalig angebotene Tippspiel hingewiesen. Tippscheine befinden sich in Holzkästchen mit Kulis außen an der Vereinsgaststätte. Keiner der bereitgestellten Stifte schreibt, also nehme ich einen Zettel mit in die Kneipe und lasse mir einen Kuli geben. Ich vermerke ein 0:0, sowie meinen Namen und werfe den Zettel in den zweckentfremdeten Briefkasten. Da alle anderen potentiellen Mitspieler die gleichen unbrauchbaren Stifte vorfinden würden, fühle ich mich bis zum jähen 0:1 als sicherer Sieger des Tippspiels. Wenig später teilt der Stadionsprecher mit, dass bis zur Halbzeitpause gewettet werden kann. Da pro Person nur ein Tipp abgegeben werden darf, findet meine Karriere als Wett-König ein abruptes Ende.

Am nächsten Morgen blicke ich routinemäßig in den Videotext des MDR. Die nächste Hiobsbotschaft: Auch Auerbach gegen Optik Rathenow wurde für Freitag abgesagt. Diese Partie wird somit zum dritten Mal verschoben. Jena-Zwickau für den Samstag steht zumindest noch im ARD-

Videotext, da findet allerdings auch noch Auerbach gegen Rathenow statt... Tja, Alternative für Freitag wäre Bamberg gegen Frohnlach... nicht wirklich, oder?

Nein, nicht wirklich! Im kicker ist das Bamberg-Spiel für Samstag und nicht für Freitag angekündigt. Ich entscheide mich daher für die einzige Alternative. Morgen werde ich nun nach Bautzen fahren, deren Zweite spielt gegen Zwickau II, Sachsenliga. Dort wird auf jeden Fall gespielt, Kunstrasen, wie ich schon 2006 erfahren habe. Zwar kein neuer Ground für mich, aber besser ein Spiel als kein Spiel, es gibt weit und breit (d. h. im Umkreis von ca. 200 km) keine andere Möglichkeit.

Der Plan für Samstag sieht derzeit so aus: Jena gegen Zwickau oder sächsischer Landespokal Chemnitzer FC beim sechstligsten FC Eilenburg, dieses Team spielt ansonsten Sachsenliga. Der „Freien Presse" entnehme ich ein besonderes Schmankerl: Tomislav Piplica, DER ehemalige Keeper von Energie Cottbus, unsterblich geworden durch sein legendäres Kopfballeigentor auf der eigenen Torlinie gegen ähm... Borussia Mönchengladbach, steht im Eilenburger Kasten! Allerdings scheint er mit dieser Tätigkeit nicht ganz ausgelastet. „Tomislav Piplica ist mittlerweile 43 Jahre alt und weilt momentan als Co-Trainer der Nationalelf von Bosnien-Herzegowina zum WM-Qualifikationsspiel gegen Griechenland in seiner Heimat. Samstag soll Piplica aber wieder rechtzeitig zurück sein und gegen Chemnitz im Kasten stehen."

Verrückter Typ. Anpfiff Bosnien-Herzegowina gegen Griechenland ist am Freitag um 20:45 Uhr, Abpfiff demnach nicht vor 22:30 Uhr. Das Spiel in Eilenburg beginnt am nächsten Tag um 14:00 Uhr... man muss Ziele haben im Leben! Auf die Begegnung und Piplica habe ich ja mal richtig Bock! Für Jena habe ich sowieso noch ein Ticket einzulösen, vom abgesagten Spiel gegen Lok Leipzig.

Den Donnerstag nutze ich zum Chemnitz-Ausflug. Doch vorher sperre ich mich aus als ich den Müll raus bringen will. Gut, dass Herr Bengner in der Nähe ist und mit einem Zweitschlüssel dienen kann. Er fragt mich ob „KB" an meinem Auto für Koblenz stehe. Darauf hin zeige ich ihm im Autoatlas wo Frankenberg/Eder liegt. Kassel kennt er, liegt auf seiner Strecke zum Verwandtenbesuch.
Der Gute wurde übrigens in Herne/Westfalen geboren! Ich bin von den Socken. Damit konnte ich nun wirklich nicht rechnen. Sprachlich ist davon rein gar nichts übrig geblieben, er muss die Gegend früh verlassen haben – sein Vater wurde dienstlich oft versetzt.
In Chemnitz habe ich zwei Ziele: Spontaner Kinobesuch, um 14:40 Uhr wird „Nachtzug nach Lissabon" gezeigt und außerdem muss ich natürlich die Karl-Marx-Statue sehen. Die zweite Überraschung des Tages bietet Chemnitz, diese beeindruckende Altstadt habe ich nicht erwartet. Respekt! Die Stadt wurde in den letzen Jahren offensichtlich stark heraus geputzt und mit den modernsten Einkaufszentren versehen.
Das Karl-Marx-Denkmal habe ich mir allerdings größer vorgestellt. Ich wundere mich, dass der bekannte Spruch „Proletarier aller Länder vereinigt euch" unter anderem auch auf Englisch zu lesen ist. Das hört sich dann so an: „Working men of all countries unite!" Der Karl-Marx-Kopf wird von den Einheimischen „Nischel" genannt, wie ich von Herrn Bengner erfahre. So informativ kann ein Gang zur Mülltonne sein.
Wikipedia weiß zum „Nischel", dass dieser Begriff von der „mitteldeutschen Bezeichnung für Kopf bzw. Schädel abgeleitet wurde".

Erstes Etappenziel des neuen Tages ist die Partnerstadt Frankenberg/Sachsen. Es wird Zeit nicht nur die auf dem Weg zur Autobahnauffahrt gelegenen Randbezirke kennen zu lernen, sondern endlich auch die Innenstadt zu begutachten. Frankenberg/Sachsen ist kleiner als mein Frankenberg/Eder, dies macht sich unter anderem durch den fehlenden kleinstädtischen Ritterschlag der Neuzeit, eine Mc Donald's – Filiale, bemerkbar. Ich folge dem Parkleitsystem und stelle mein Auto zwischen ALDI und Kaufland (immerhin!) ab. Mit Blick zum Kirchturm beginne ich meinen Marsch. Früh wird mir klar, dass man hier durchaus noch den einen oder anderen Euro in die Gebäude investieren könnte. Häuser mit eingeschlagenen Fenstern und verrammelten Türen säumen meinen Weg zum Marktplatz. Bei einem Haus ist sogar das Dach eingestürzt.
Rund um den Marktplatz sieht es besser aus, besonders Kirche, Rathaus und Gymnasium fallen sehr positiv auf. Welche Subventionen die Stadt wohl erfahren hätte, wenn man einen Bach-, Goethe- oder Lutheraufenthalt vorweisen könnte, wie so viele andere Ostdeutsche Kleinstädte? Die Menschen sind sehr herzlich. Auf der Suche nach Souvenirs und Zeitungen betrete ich einen Kiosk.
„Ich komme aus Frankenberg in Hessen. Ich hätte gerne einen Aufkleber von ihrer Stadt!" Nach kurzer gemeinsamer Suche werden die Verkäuferin und ich fündig.
„Ich gebe Ihnen noch mal was mit!" Sie verschwindet hinter dem Tresen.
„Hier, da können Sie mal nachlesen, worüber wir alles streiten! Obwohl, naja, alles steht da auch nicht drin!"
Sie überreicht mir drei aktuelle Ausgaben des Frankenberger Amtsblatts. Ich bin begeistert und bedanke mich über-

schwänglich. Volltreffer, mit lokalen Zeitungen kann man mir echt eine Freude machen.

Für den zukünftigen Frankenbergbesucher bleibt weiter festzuhalten, dass es rund um den Marktplatz eine große Auswahl an Pizzerias, Imbissbuden und günstigen Restaurants gibt. Mein Hunger hält sich noch in Grenzen, außerdem hat mein kulinarisches Budget mit der kleinen Portion Nachos mit Käse für 4,85 Euro im Chemnitzer Kino einen schweren Schock erlitten.

Auf dem Weg zur A4 nach Bautzen befindet sich der örtliche Fußballplatz, mal gucken, ob sich da was abstauben lässt! Der Kunstrasenplatz ist mit Schnee bedeckt. An der Straße sind ein paar Autos geparkt. Ein großes Schild verrät, dass der Verein „SV Barkas Frankenberg" heißt. Barkas war übrigens ein sächsischer Nutzfahrzeugehersteller mit Produktionsstandort unter anderem in Frankenberg. Der SV wurde 1984 als Betriebssportgemeinschaft gegründet.

Die Vereinskneipe ist geschlossen, die Hintertür lässt sich ebenfalls nicht öffnen. Als ich am zweiten Gebäude auf dem Gelände vorbei gehe höre ich Stimmen nach außen dringen. Aha! Ich wittere meine Chance, finde eine unverschlossene Tür und laufe sogleich einem Herrn in die Arme.

„Ich komme aus Frankenberg in Hessen und bin hier in der Gegend um ein paar Fußballspiele zu gucken. Gibt es von ihrem Verein Aufkleber?"

Ich werde zu einer offenstehenden Tür am Ende des Flurs verwiesen, von dort kamen die erwähnten Stimmen. Ich treffe auf eine Männerrunde. Scheinbar handelt es sich um eine Vorstandssitzung. Ich werde an den Vorsitzenden verwiesen und trage mein Anliegen erneut vor. Er ist sofort bemüht mich zu unterstützen, obwohl er offenbar nicht nachvollziehen kann, dass ich so weit gefahren bin um

größtenteils mittelmäßig sinnvolle Fußballspiele aus unteren Ligen zu gucken.
„Die Vereinsgaststätte macht nachher um fünf auf, der Wirt hat bestimmt Wimpel und Schals. Ob er auch Aufkleber hat weiß ich nicht."
Mmmh, das Spiel in Bautzen fängt um sieben an.
„Bis zehne is bestimmt geöffnet!"
„Gut, dann komme ich nach dem Spiel in Bautzen direkt hier her!"

Vorbei an Dresden geht es nach Bautzen, in dessen Altstadt ich mich schon sieben Jahren zuvor verguckt habe. Allein das Panorama, wenn man auf die Stadt mit den vielen alten Gebäuden zufährt ist schon faszinierend genug. Ich fühle mich beinahe zu Hause, keine lange Suche, da ich noch ungefähr weiß wo es zum Stadion oder besser zum benachbarten Kunstrasen geht.
Am Stadion trifft mich der Schlag, das vermeintliche Freitagsspiel wird auf Plakaten für morgen angekündigt. Kurz schießt mir durch den Kopf nach Prag (nur eine Vermutung) zum Länderspiel Tschechien gegen Dänemark zu fahren. Da ich mir nicht sicher bin, ob die Partie überhaupt in Prag stattfindet und dies ohnehin kein neuer Ground wäre, bin ich erstmal aufgeschmissen.
Doch was ist das? Auf dem Kunstrasenplatz entdecke ich Arbeiter, beschäftigt mit der „Rasenpflege". Zunächst spreche ich den jüngsten der drei Herren an.
„Findet das Spiel der Zweiten heute oder morgen statt?"
„Äh, keine Ahnung. Frag da mal!", er zeigt auf seinen Kollegen, der auf einem Mini-Traktor sitzend über den Platz fährt.
Unter Einsatz meiner Gesundheit halte ich den Herrn von seiner Arbeit ab.
„Is das Spiel von der Zweiten heute oder morgen?"

„Das is heute!". Ich kann es noch nicht glauben.
„Weil in der Zeitung steht, dass das Spiel heute stattfindet und hier vorne am Eingang hängt ein Plakat auf dem steht, dass das Spiel morgen is!"
„Nö, das is heute!". OK, glaube ich ihm einfach mal, was bleibt mir auch anderes übrig.
Noch einige Stunden bis zum Anpfiff. Es ist kurz nach Mittag, ich habe Hunger!
Im Einkaufszentrum kann ich mich trotz knurrendem Magen weder für Pizza, Burger, Asiate oder Bäcker entscheiden. Metzgerei Korch macht schließlich das Rennen.
Schnitzel mit Pommes!
„Gemüse dazu?"
„Och…"
„Oder Rohkost?", fragt die engagierte Bedienung.
„Mmmh, ich hätte gern 'n Salat!"
„Rohkost!", sagt sie daraufhin.
Mir wird Krautsalat als Beilage aufgetan. Mann, immer diese kleinen, feinen Unterschiede, aber die Verkäuferin und ich tragen es mit Humor. Wenn überall in Deutschland alle Begriff gleich wäre, das wäre doch auch langweilig!
Zu meiner Freude liegt eine Ausgabe der „Sächsischen Zeitung" im Restaurant bereit. Geld gespart, die hätte ich eben beinahe noch gekauft! Im Sportteil erfahre ich, dass das heutige Spiel in Bautzen trotz Kunstrasens auf der Kippe stand. Eine Schneefräse hatte während der Woche einen technischen Defekt erlitten, es musste ein neues Gerät angeschafft werden.
Dann bekommt mein Tagesablauf eine unerwartete Wende. Ich lese einen Bericht über die Torhüter von Dynamo Dresden. Florian Fromlowitz (ehemals 1. Liga mit Kaiserslautern) ist soeben von Torwart Nummer zwei zu Nummer drei degradiert worden. Der Artikel endet mit dem Hinweis: „Kurzfristig anberaumtes Testspiel zwi-

schen Dynamo Dresden und dem VfB Auerbach um 17:30 Uhr in Grimma". Wahnsinn! Plötzlich ist wieder ein neuer Ground möglich! Ein unglaublicher Glücksmoment durchströmt meinen Körper!
Langsam dämmert's mir: Grimma liegt in der Nähe von Colditz, wo sich das Stadion befindet ist mir vom Vorbeifahren noch grob in Erinnerung. Wirtschaftlich ist das was ich nun mache ein völlig sinnloses Unterfangen. Um nach Grimma zu kommen muss ich einen Großteil der heutigen Strecke wieder zurück fahren, aber ich MUSS zu diesem Spiel!
Der „Unsinn" in Zahlen:
Ferienwohnung - Bautzen = 123 km
Bautzen - Grimma = 140 km
Ferienwohnng - Grimma = 74 km!!!

Das heißt, dass ich exakt 189 km mehr gefahren bin als nötig gewesen wäre. Was macht man nicht alles. So blöd das klingt, wäre ich nicht in Bautzen gewesen, dann hätte ich nie von der Partie in Grimma erfahren.
Ich ärgere mich nicht über die vermeintlich unnötige Fahrerei, sondern bin hellauf begeistert, wenn auch auf Umwegen, noch zu einem neuen Ground zu kommen.
Also noch kurz eine Ladung Bautz'ner Senf direkt importiert und nichts wie weg. Am Stadion in Grimma angekommen erwartet mich und die hauptsächlich gelbschwarzen Anhänger ein hohes Polizeiaufgebot, wenn man bedenkt, dass hier nur ein Zweiligist gegen einen Viertligisten zu einem Freundschaftsspiel antritt – Dynamo Dresden ist eben in der Stadt…
Für meine 6,- Euro erhalte ich einen völlig austauschbaren „Eintrittskarte"-Schnippel von der Abreißrolle, es war ja zu befürchten.

Panisch spreche ich Ordner an um einen Nachweis zu erhalten, dass ich in Grimma beim Fußball war.
„Gibt's hier auch Aufkleber vom… (hinter ihm steht ein Vereinsbus) FC Grimma zu kaufen?"
Er (könnte auch altersmäßig mein Vater sein) nimmt mich unaufgefordert liebevoll in den Arm.
„No, da fragste misch was!"
„Oder 'ne Kopie vom Spielbericht?", eben ist ein Rentner mit verdächtigem Material an mir vorbei gelaufen. Der Ordner verweist mich an den besagten Senioren (der dann auch gleich von einem Vereinsoffiziellen ermahnt wird, dass er zunächst die Vertreter der Presse zu versorgen habe). Mein Abend ist mit dieser Kopie der Mannschaftaufstellung und dem Vermerk „Grimma, 22.3.2013" gerettet. Ja, man kann mich mit wenig glücklich machen…

Der Kunstrasen sorgt für ein schnelles Spiel. Ich stelle mich hinter eines der beiden Tore und vertreibe mir die Zeit im Kampf gegen die Kälte als ältester Balljunge der Welt. In der ersten Halbzeit stehe ich hinter dem Dresdner Tor. Bei dem Versuch dem Keeper den Ball zu zuschießen treffe ich eine Befestigungstange am Tor und der Ball fliegt weiter weg als zuvor. Ich bin keine große Hilfe, das lasse ich lieber.
In der Halbzeitpause beginnt Florian Fromlowitz sich warm zu machen. War der nicht einst, als er noch beim 1. FCK gespielt hat, Juniorennationalspieler? Jetzt ist er dritter Torwart in der zweiten Liga…
In den zweiten 45 Minuten leiste ich dem Torhüter vom VfB Auerbach Gesellschaft, als einziger Zuschauer hinter dessen Tor. Von seiner körperlich Fülle her eher der Typ Kreisligaspieler. Ach, um es auf den Punkt zu bringen: Ich habe noch nie einen Regionalligaspieler gesehen, bei dem das Trikot so dermaßen gespannt hat! Seine Kommentare sorgen für Kurzweil. Er spricht eigentlich mit sich selbst,

weiß aber, dass ich mithören kann und er somit ein Publikum hat.

Eine von ihm gerade noch so entschärfte Aktion seiner Vorderleute wird von ihm mit „Und ihr wollt Regionalliga spielen?" kommentiert. Allerdings gibt er dies erst von sich, nachdem die Abwehr außer Hörweite ist und er sich den Ball in aller Ruhe zum Abstoß bereit gelegt hat.

Ansonsten pariert Herr Dix die Schüsse der Zweitligaspieler erstaunlich gut, nicht auszudenken was wäre wenn er ein paar Pfund weniger auf den Rippen hätte.

Kurz vor Schluss vermeldet der Stadionsprecher plötzlich und unerwartet das 4:1 für Dynamo Dresden. Keiner der anderen 103 Zuschauer hat dieses Tor gesehen. Auch die Tatsache, dass das Spiel nach dem vermeintlich erfolgreichen Angriff „der Dynamos" (wie er so schön zu sagen pflegt) mit Torabstoß fortgesetzt wird scheint ihn nicht zu beunruhigen. 4:1 prangert von nun an auf der Anzeigentafel.

Wenig später berichtigt er auf 3:1 und schiebt seine unfreiwillige Ergebniskosmetik auf die extreme Kälte und den leichten Schneefall... Bei jenem Ergebnis bleibt es dann auch, so wohl auf dem Spielfeld, als auch auf der Anzeigentafel.

Da das Spiel in Grimma bereits um 17:30 Uhr angepfiffen wurde und nicht erst um 19:00 Uhr wie die Partie in Bautzen, bin ich zeitig zurück zum Sportgelände des „SV Barkas Frankenberg". Auf der Fahrt höre ich MDR-Info und verfolge das deutsche Länderspiel in Kasachstan mit mäßigem Interesse.

Im Sportlerheim angekommen trage ich meinen Spruch ein weiteres Mal vor: Fußball gucken, Frankenberg in Hessen, Fanartikel...

Bald merke ich, dass der Wirt mit dem Sachverhalt vertraut scheint.

„Ich war heute Mittag schon mal hier. Wurde ich schon angekündigt?"
Mein Gegenüber nickt.
„Hier zum Sichten?" fragt er.
Was ist das denn für ein Satz, frage ich mich. Sichten? Mist! Nun habe ich quasi einen Sport-Bruder aus der gleichnamigen Partnerstadt vor mir und verstehe seinen ersten Satz nicht. Na bravo!
„Sichten?" frage ich.
„Sichten!" sagt er... und nach meinem irritiert wartenden Blick:
„No, um Spieler zu sichten!" Ach so!
„Nein, ich gucke mir nur ein paar Spiel an, war in Chemnitz, Dresden, Plauen, Nordhausen, Grimma und will morgen nach Eilenburg – hab mir 'ne Ferienwohnung in Flöha genommen.
Seine Begeisterung hält sich in Grenzen. Ich habe vor meinem Auftritt im Sportlerheim extra Geld geholt, um dieses zur Not in einen Schal zu investieren, wobei ich mich über einen einfachen „Barkas"-Aufkleber am Meisten freuen würde.
Mein Vertrauter fängt an in einem Schränkchen hinter sich zu wühlen. Als erstes kommt ein großer blau-weißer Wimpel zum Vorschein, außerdem kramt er in einer kleinen Plastiktüte, deren Inhalt mich sehr neugierig macht.
Was da wohl drin ist?
Es sind... Anstecknadeln! Er reicht mir beides über die Theke.
„Was kriegst'n dafür?"
„Ach nichts, kannste so mitnehmen." Cool, danke!
Wir reden noch ein wenig über die Städtepartnerschaft. Er selbst war schon in Frankenberg/Eder, aber der Kontakt sei vor vier oder fünf Jahren von hessischer Seite aus eingeschlafen.

Nun ja... Ich bin mit meiner Ausbeute zufrieden, möchte das Gespräch nach dem langen und kalten Tag nicht weiter vertiefen.

Wehmütig wird mir bewusst, dass eine tolle Woche zu Ende geht. Leider fanden nicht alle eingeplanten Spiele statt, besonders der Ausfall von Carl Zeiss Jena gegen Lok Leipzig ist schade, aber wäre dieses Match nicht ausgefallen, hätte es mich wohl nicht zu Wacker Nordhausen und im Anschluss zu den Damen vom Thüringer HC verschlagen. Ungewöhnlich war es meinen Geburtstag zum ersten Mal in meinem Leben alleine zu verbringen. Ich hatte einen schönen Tag in Dresden, auch wenn es abends richtig kalt wurde auf meinem Plastiksitz und ich habe mich sogar kurz den Sehenswürdigkeiten gewidmet!
So hatte eben jeder Tag seine Berechtigung und seine Highlights, auch wenn ich manchmal erst über Umwege zum Ziel gekommen bin – siehe Bautzen/Grimma.
Bald heißt es für mich Abschied nehmen, doch vorher gilt meine volle Aufmerksamkeit dem Viertelfinale des sächsischen Landespokals: FC Eilenburg gegen Chemnitzer FC.

An der Tanke kaufe ich mir routinemäßig die Chemnitzer Morgenpost. Im Sportteil dreht sich alles um die Frage: Ist der Platz in Eilenburg bespielbar oder nicht? Um 9 Uhr sollte vom Schiedsrichter entschieden werden ob angepfiffen wird oder nicht. Meine Nerven! Es ist kurz nach zwölf, zwei Stunden vor Spielbeginn oder auch nicht. Was jetzt?

    Bei der Sportredaktion der Morgenpost erreiche ich niemanden und da sich im Internet nichts Gegenteiliges finden lässt, gehe ich davon aus, dass das Spiel stattfindet. Nach Eilenburg ist es nicht allzu weit zu fahren. Die Strecke ist in weiten Teilen identisch mit der gestri-

gen. Ich fahre an Grimma vorbei, dann sind es noch mal ungefähr dreißig Minuten.
Ich gucke, ob mir eventuell wegen einer kurzfristigen Spielabsage enttäuschte CFC-Anhänger entgegen kommen. Das ist nicht der Fall. Stattdessen taucht plötzlich ca. 20 km vor Eilenburg ein Auto mit CFC-Wimpel am Rückspiegel hinter mir auf. Er fährt mir fast in den Kofferraum. Ruhig, Brauner. Wir haben wohl beide das gleiche Ziel. Aber viel wichtiger ist für mich die Erkenntnis, dass das Spielfeld scheinbar rechtzeitig von den Schneemassen befreit werden konnte und sich nun in einem einwandfreien Zustand befindet.
Ich folge der Beschilderung Stadion/Sprungschanze und finde mich in einer Kleingartensiedlung wieder (oder handelt es sich etwa um ein Wohngebiet?). Ein Polizeiauto und die ersten Fans der „Himmelblauen" zeigen mir das ich richtig bin.
Beim heimischen FC hat man scheinbar entschieden mit dem heutigen Landespokalspiel ein paar Euro extra zu verdienen. Das Parken kostet 1,- Euro. Die Tatsache, dass hier der Sechstligist Parkgebühr verlangt, sorgt besonders bei den Chemnitzern für Verwunderung.
Zahlen, parken und dann schließe ich mich dem nächstbesten Zuschauerstrom an. Ich passiere einen Bauwagen. Huch, zurück! Das ist ja das Kassenhäuschen.
„Ich habe Sie gar nicht gesehen", begrüßt mich die Dame von Kasse 1, als ich mich vor ihrem Guckloch aufgebaut habe.
„Ich habe Sie auch nicht gesehen!"
6,- Euro durch das Fenster gereicht und rein. Inzwischen merke ich, dass ich im Gästebereich gelandet bin. Na ja, auch egal. Die Einlasskontrolle ist recht gründlich, besonders Zigarettenpackungen werden vom Fachpersonal näher beleuchtet. Ich eile die Stufen zur Tribüne hinauf um das

Ergebnis der Schneeräumaktion zu begutachten. Doch was ist das? Ich finde irreguläre Bedingungen vor, auch wenn der Schiedsrichter dies scheinbar anders beurteilt hat. Ich werde von einer grün-weiß-grün-weiß-grün – Optik überrascht. Beide 16-Meter-Räume und ein Streifen in der Platzmitte wurden vom Schnee befreit, mehr nicht! Der Herr neben mir wirft die Frage auf, mit welcher Ballfarbe denn heute zu rechnen sei... abenteuerlich!
Mal gucken, was hier kulinarisch geboten wird. Bratwürste gibt es keine. Ich entscheide mich für ein Paar Wiener zu 1,50 Euro, die sind jedoch kalt. Die Gruppe neben mir hat sich auf Grund der Temperaturen für Glühwein entschieden... richtig geraten, dieser ist auch kalt. Das Catering-Team des Sechstligisten stößt an seine Grenzen und wird diesen Zustand im Laufe des Tages nicht merklich verbessern können.
Aber eine Frage ist für mich fast so wichtig, wie die Frage ob überhaupt gespielt wird: Spielt Tomislav Piplica? Ich kann es zunächst nicht erkennen, da sich die Spieler des FCE auf der anderen Spielfeldseite warm machen. Doch irgendwann leuchtet die „23" auf, die er schon seit geschätzten 1000 Jahren trägt. Wenig später, beim Einlaufen der Mannschaften, ist er abgeschlagen Letzter. Laufen die Torhüter nicht sonst immer spätestens an zweiter Stelle auf das Spielfeld?
Der Gästebereich wurde komplett mit Bauzäunen umstellt, dies ist zwar praktisch bei der Befestigung von Zaunfahnen, wäre hier sonst nicht möglich gewesen, bei einer Massenpanik aber problematisch, da keine Notausgänge zum Spielfeld vorgesehen sind.
Das Match ist wegen der Platzverhältnisse relativ chaotisch und hat mit Fußball wenig zu tun... Zu dem bläst uns unaufhörlich eiskalter Wind ins Gesicht.
„Wie in Stalingrad", mein ein jüngerer Zuschauer.

„Warst du dabei?", fragt ein anderer.
„Ne!"
„Das war'n aber auch damals ganz andere Typen!"... die konnten sich nämlich nicht in der Halbzeit die Handschuhe auf der Toilette wärmen, so wie ich. Der Effekt verpufft jedoch recht schnell. So heißt es durchhalten.
Die zweiten 45 Minuten verbringe ich, wegen der erbärmlichen Kälte, größtenteils gehend. Ab und zu begegnet mir ein CFC-Fan der ständig ein und den selben Satz von sich gibt.
„Is ganz schön kalt hier in diesem hässlichen Haufen!".
Der CFC gewinnt schließlich mit 4:0. Piplica hält die unhaltbaren Bälle und lässt die haltbaren durch, an denen dann natürlich jeweils die Vorderleute Schuld sind. Trotzdem wird er von den Chemnitzer-Anhängern „gefeiert":
„Piplica, komm schieß ein Eigentor!"
Er besitzt Größe und reagiert weder akustisch noch mit gewünschtem Eigentor.

So geht die kälteste Fußballwoche meines Lebens zu Ende. Ich mag den Osten und Frankenberg/Sachsen. Die Ferienwohnung schreit schon fast danach ein weiteres Mal als Hauptquartier zu dienen, schließlich gibt es hier in der Gegend noch einiges zu tun: Zwickau, Jena, Auerbach...

Bonus:
Prag (Remake)

Pension Hermanova, nie werde ich sie vergessen. Pension Hermanova hieß im Frühjahr 2004 das Ziel meiner ersten selbstorganisierten Fußballfahrt ins Ausland, gelegen in der Nähe des Prager Zentrums. Über ein Reisebüro buchte ich die Hin- und Rückfahrt mit dem Zug und die günstigste verfügbare Unterkunft. Es war kein Zufall, dass ich ausgerechnet im April vor zehn Jahren nach Prag fuhr, die Eishockey-WM fand zu dieser Zeit dort statt. Angefixt durch das Turnier 2002 in Schweden, dass ich mit meinem Bruder und unserem gemeinsamen Freund Andy besucht hatte, wollte ich mir die WM in Tschechien nicht entgehen lassen, dieses Mal fuhr ich allerdings alleine. Bei der Gelegenheit mussten natürlich auch Spiele von Slavia und/oder Sparta drin sein. Es wurde zum Glück beides möglich, obwohl ich zunächst nur das Match von Slavia fest eingeplant hatte und ich von Sparta „nur" die zweite Mannschaft sehen konnte.
Die ursprüngliche Version dieses Berichtes erschien 2009 in meinem ersten Fußballfahrten-Buch unter dem Titel „Viel Spaß für wenig Geld". Im folgenden Jahr wurde sie von mir u. a. bei einer Lesung in Marburg vorgetragen. Ich war Gastautor bei einer Veranstaltung eines Marburger Literaturkreises. Die Tatsache, dass dieser seine Treffen Samstags um 15:30 Uhr abhält hätte mir schon zu denken geben sollen. Die zwanzig Anwesenden waren dem Hauptautor größtenteils persönlich bekannt, das Publikum konnte mit dem von mir dargebotenen inhaltlich wenig anfangen. Überhaupt hatte man sich eher auf Poesie und Prosa eingestellt und weniger auf Hooligans und Würstchenbuden, die vor lauter Rauchschwaden kaum zu erkennen waren. Rückblickend betrachtet wäre meine seichte

Berichterstattung von der WM 2006 am ehesten angebracht gewesen. Aber lest selbst...

So eben bin ich in Dresden umgestiegen und fahre nun ohne erneut den Zug wechseln zu müssen weiter bis nach Prag. In meinem Sechser-Abteil sitzt ein weiterer junger Mann. Er stellt sich mir als Gavin aus Nordirland vor. Wir reden eine Weile auf Englisch, bis sich herausstellt, dass sein Deutsch besser ist als mein Englisch. Er ist mit einer Berlinerin zusammen und will lieber auf Deutsch mit mir reden um sich weiter zu verbessern. Wir wechseln die Sprache. Schade, ich hätte lieber die Gelegenheit genutzt um etwas Englisch zu reden, doch ich will nicht unhöflich sein und entspreche seinem Wunsch.

Bei herrlichem Sonnenschein fahren wir durch Sachsen. Plötzlich verlieren wir mit einem Schlag an Geschwindigkeit. Der Zug wird langsamer und langsamer bis er schließlich auf freier Strecke stehen bleibt. Nach einem Moment der Ruhe und Ratlosigkeit knackt es im Lautsprecher über uns.
„Hier spricht ihr Zugführer. Auf Grund eines Tankfehlers haben wir kein Diesel mehr im Tank. Es wird Treibstoff aus Dresden angefordert. Die Fahrt wird nach dem Auftanken unverzüglich fortgesetzt."
Er schließt mit dem Standardsatz: „Wir entschuldigen uns für die Ihnen entstehenden Unannehmlichkeiten".
Ich bin kein großer Kritiker der Deutschen Bahn und fahre nach wie vor sehr gerne mit dem Zug. Verspätungen kommen vor. Auch in anderen Berufen wird gestreikt, moderate Preiserhöhungen gibt es überall. Die Tatsache jedoch, dass ich einfach so in Deutschland mit einem Zug liegen bleibe verwundert mich.

Gavin und ich schauen uns mit großen Augen an. Ich fühle mich verantwortlich für mein Land, die Sache ist mir stellvertretend peinlich und passt nicht in das Weltbild das andere von Deutschland haben sollten: Hier funktioniert doch im Großen und Ganzen immer alles… dachte ich.
Wir grinsen und machen uns nichts weiter aus der kleinen Panne. Dann sollen die ruhig mal kommen mit ihrem Diesel aus Dresden. Das Entscheidende für mich ist natürlich, dass ich noch Jahre lang von diesem Ereignis berichten kann.
Gavin gegenüber möchte ich das Thema nicht weiter ausbreiten. Sind ähnliche Vorfälle von der Nordirischen Eisenbahngesellschaft bekannt? Wir nutzen andere Themen um weiter an seinem Deutsch zu arbeiten.

Nach einer Stunde in der prallen Sonne können wir weiter fahren. Von überall ist Beifall zu hören, wir schließen uns an. Fühlt sich fast an, als wären wir so eben nach starken Turbolenzen mit einem Ferienflieger auf Malle gelandet. Jetzt geht es durch die Sächsische Schweiz. Mit so einem Höhepunkt habe ich unterwegs überhaupt nicht gerechnet. Eine wirklich außergewöhnliche Gegend. Es soll ja sogar Leute geben die hier wandern…

Dass diese Geschichte bereits ein paar Jahre auf dem Buckel hat, fällt bei den Modalitäten an der Grenze zu Tschechien auf. Das Land gehörte damals noch nicht zur EU. Doch der Beitritt war längst beschlossene Sache und wurde zum ersten des nächsten Monats in die Tat umgesetzt. Daher ist die Grenzkontrolle nicht mit der zur Zeit des Warschauer Pakts vergleichbar. Kurz nachdem wir die Deutsch-Tschechische Grenze überschritten haben, betreten grimmig blickende Grenzbeamte den Zug. Sie lassen sich die Ausweise zeigen, gucken sich halbherzig in den

Abteilen um und verschwinden so schnell wie sie gekommen sind. Ob sie in ein paar Tagen ihren Job verlieren, wenn hier ein anderer Wind weht?

Bis wir endlich in Prag ankommen zieht es sich, aber wir genießen die Fahrt in diesem osteuropäischen Retro-Zug. Ohne weitere Komplikationen erreichen wir die tschechische Hauptstadt. Wir verabschieden uns am Hauptbahnhof. Zu Fuß mache ich mich auf den Weg zur Pension Hermanova. Ich bin mit einem Stadtplan ausgerüstet und von meinem Bandscheibenvorfall noch Jahre entfernt. Der Weg scheint machbar, tut nach der langen Fahrt bestimmt gut ein paar Meter zu laufen, außerdem will ich nicht unnötig Geld für öffentliche Verkehrsmittel ausgeben. Aus den paar Metern werden jedoch ein paar Meter mehr als erwartet. Später stelle ich fest, dass es auch gar keine optimale Tram-Verbindung gegeben hätte.
Vor der Pension Hermanova ist die Enttäuschung groß. An der Eingangstür ist ein Schild mit dem Hinweis angebracht, dass die Rezeption zur Zeit nicht besetzt ist. Der Schlüssel ist in einem benachbarten Hotel hinterlegt. Ich überlege für einen Moment, ob ich mein Gepäck stehen lassen soll, entscheide mich aber dagegen. Bei Lektüre der Wegbeschreibung wird mir schnell klar, dass ich das erwähnte Hotel kenne, da ich vor wenigen Minuten bereits schon einmal daran vorbei gelaufen bin. Grrr. Nun ja, lässt sich nicht ändern. Ich erhalte meine Schlüssel für Zimmer und Haupteingang, mit ihnen und der Ausrüstung für eine Woche kämpfe ich mich zurück zur Pension. Selbstverständlich bin ich nicht im Erdgeschoss untergebracht, die Treppenstufen schaffe ich mit letzter Kraft. Müde lasse ich mich aufs Bett fallen. Mein Zimmer hat Hinterhofblick, macht nichts. Ich bin schon auf das „Frühstück auf dem Zimmer" am nächsten Morgen gespannt, doch bis dahin ist

es noch eine Weile. Ich gönne mir einen Moment der Ruhe.

Die Pension ist nicht weit vom Sparta-Stadion entfernt. Ein perfektes Ziel für einen ersten abendlichen Spaziergang. Beim Kiosk an der Ecke hole ich mir ein Bier als Wegzehrung. Mit Freude stelle ich fest, dass viele Geschäfte bis spät abends geöffnet sind. Das Stadion hieß von 1917 bis 2003 Stadion Letna, dann geschah das, was vielen anderen Traditionsspielstätten auch passiert ist, die Namensrechte wurden verkauft. Bei meinem Besuch war Toyota Höchstbietender, von 2007 bis 2009 AXA und seitdem Generali, der Sponsor, der bislang am längsten durchgehalten hat. Beginn einer neuen Tradition?
Ich erreiche die Toyota-Arena. Sofort fällt mir eine Spielankündigung ins Auge: Sparta Prag II gegen HFK Olmütz am kommenden Samstag um 10:45 Uhr. Merkwürdige Uhrzeit. Ich bin sofort hellauf begeistert, das Spiel muss ich sehen. Für jenen Samstag habe ich bereits das Slavia-Spiel mit Beginn um 14:25 Uhr eingeplant. Es sollte doch möglich sein beide Begegnungen zu sehen. Ich rechne schnell durch, zwischen Abpfiff des ersten Spiels und Anpfiff des zweiten habe ich fast zwei Stunden Zeit. Egal wie weit die beiden Stadien von einander entfernt sind, das werde ich schaffen.

Ich werde mich in den nächsten Tagen noch mit der Entfernung zwischen Toyota-Arena und Evzena-Rosickeho-Stadion beschäftigen, zunächst ist Eishockey an der Reihe.

Mit dem Bus fahre ich zum zentrumsfernern Strahov-Sportzentrum. Hier befindet sich 2004 die Heimspielstätte von Slavia Prag. Insgesamt hielt es der Verein dort aber nur wenige Jahre aus, von 2000 bis 2008. Das Evzena-

Rosickeho-Stadion stellte für Slavia nur eine Übergangslösung dar. Das alte Stadion war nicht mehr Erstliga tauglich und wurde abgerissen, an gleicher Stelle wurde ein Neubau errichte, der seit 2008 als Heimspielstätte dient.

Das Strahov-Areal mit dem ehemals größten Stadion der Welt ist umwerfend und von morbider Schönheit. Auf einem Hügel über der Stadt wurden hier mehrere Sportstätten errichtet. An vielem hat der Zahn der Zeit genagt. An etlichen Stellen liegen Betonbrocken. Manche Bereiche sind nicht begehbar und durch Baustellenzäune abgesperrt.
Das Stadion von Slavia ist noch ein paar Meter entfernt. Ich möchte schon heute eine Karte für das morgige Spiel kaufen. Ich kann nicht einschätzen wie viele Zuschauer erwartet werden, daher will ich nichts anbrennen lassen. Außerdem bin ich schon sehr auf das Stadion gespannt, ich muss es sehen.
Direkt am Stadion befindet sich ein Fan-Shop, dort wird es bestimmt Eintrittskarten geben. Egal ob Eingangsbereich oder die gesamten Plattenbaukonstruktionen in der näheren Umgebung, alles sieht ein wenig aus wie früher in der DDR.
Ich greife zur Eingangstür. Geschlossen. Der Shop öffnet in einer dreiviertel Stunde. Ich drehe eine Runde um die Zeit zu überbrücken. In der Nähe befindet sich die Geschäftsstelle von Slavia Prag. Die Eingangstür lässt sich öffnen.
Ich bekomme einen krassen Gegensatz zum restlichen Gelände geboten. Innen ist alles vom Feinsten. Es sind einige Trophäen aus der Vereinsgeschichte zu sehen, Wimpel und Pokale. Ich halte mich nur kurz auf, dann gehe ich wieder raus. Ich fühle mich mit meinem Kapuzenpullover nicht angemessen gekleidet.

Die 45 Minuten Wartezeit neigen sich dem Ende entgegen. Der Fan-Shop öffnet. Ich werde von einem jungen Mitarbeiter bedient, wir kriegen es hin uns auf Englisch zu verständigen. Für umgerechnet unschlagbare 3,- Euro gönne ich mir eine Sitzplatzkarte auf Höhe der Mittellinie. Zum Vergleich: Die billigste Sitzplatzkarte am Mönchengladbacher Bökelberg hat damals schon mehr als das Zehnfache gekostet und wir sprechen in beiden Fällen von der ersten Liga.
Ich verspüre ein dringendes Bedürfnis und frage den Kartenverkäufer nach der Toilette. Er beschreibt mir den Weg. Ich befinde mich direkt unter der Haupttribüne, außer mir ist weit und breit niemand zu sehen. Diese Gelegenheit lasse ich mir natürlich nicht entgehen und unternehme einen Rundgang durch die altehrwürdigen Katakomben. Rechts befinden sich die Umkleidekabinen, links von mir ist der Durchgang zum Spielfeld und ich kann einen ersten Blick auf das Grün werfen.
Schnell wieder zurück, bevor man beginnt mich zu suchen.

Zu Fuß setze ich meine Reise fort. Das Sparta-Stadion scheint in Reichweite zu sein. Ich verlasse den Berg auf der anderen Seite und gucke in den Stadtplan, sofort werde ich von einem Mann angesprochen.
„Kann ich Ihnen weiterhelfen?", fragt er höflich.
„Ja, ich möchte zum Stadion von Sparta", reagiere ich etwas verdutzt.
„Nehmen sie doch die Straßenbahn, da vorne ist eine Haltestelle."
Ich bedanke mich bei diesem netten Mitmenschen, erfahre noch, dass er aus Tschechien stammt und seit 30 Jahre in Nürnberg wohnt.
Ich steige in die nächste Bahn. Da ich sowieso ein Nahverkehrsticket für mehrere Tage besitze ist dies nicht mit

weiteren Kosten verbunden. Warum also unnötig geschätzte vier Kilometer laufen.
Mit der Straßenbahn erreiche ich die Toyota-Arena sehr schnell. Somit ist auch schon geklärt, wie ich nach dem hier stattfindenden Vormittagsspiel zum Stadion von Slavia komme.
Der Fan-Shop von Sparta Prag hat geöffnet. Es gibt einen Vorverkauf für das angekündigte Spiel. Die Karte zur morgigen Begegnung kostet nur 2,- Euro. Es handelt sich um ein Zweitligaspiel mit Einheitspreis.

Noch ein Mal schlafen, dann kann es losgehen.

Schön, dass ich mit dem Frühstück flexibel bin und mich vorher noch nicht ein Mal anziehen muss. Wie auch in den letzten Tagen, steht morgens ein Tablett mit ausreichend Brot, Belag und einer Kanne Kaffee vor meiner Zimmertür. Klasse!
Ich habe im Internet geforscht, ob meine Pension Hermanova noch existiert. Leider kann ich diese Frage nicht abschließend beantworten. Ich finde lediglich einige ältere Bewertungen, die die Unterkunft als mittelmäßig einstufen und Fotos des für mich legendär gewordenen Frühstücktabletts. Personal habe ich übrigens während des kompletten Aufenthalts nicht zu Gesicht bekommen, musste ja sogar den Schlüssel beim „Nachbarn" holen.

Ich laufe zur Toyota-Arena. Es ist nur die Haupttribüne freigegeben und dort lediglich ein Block. Außer mir wollen sich noch circa hundert Rentner das Spektakel Sparta Prag II gegen HFK Olmütz nicht entgehen lassen. Gemütlich bei Sonnenschein beginne ich den Fußballtag um 10:45 Uhr!

In der Halbzeitpause wird es Zeit für einen zweiten Kaffee, nach der dreiviertel Kanne im Zimmer. Im braunen Plastikbecher wird das kochend heiße Getränk serviert. Einsam flaniere ich entlang der Fan-Shops und Getränkestände, die trotz der wenigen Zuschauer geöffnet sind. Zwischendurch nippe ich an meinem Becher, so weit es der sehr heiße Kaffee zulässt. Den letzen Schluck kippe ich beherzt runter.
Uh, was ist das denn. Die volle Ladung Kaffeesatz! Spätestens jetzt bin ich hellwach. Von Filter keine Spur, das Pulver wurde einfach mit heißem Wasser überschüttet und an den nichtsahnenden Konsumenten aus Deutschland ausgehändigt. Damit hatte ich nicht gerechnet, gefährlich so ein Kaffee bei Sparta Prag... Bisher ist mir dieses Modell lediglich als „Türkischer Kaffee" bekannt. Ich komme mit dem Leben davon.
Das morgendliche Gekicke entpuppt sich als äußerst kurzweilig. Direkt nach der Partie setze ich mich in die Straßenbahn und fahre nach Strahov.
Ich bin gut in der Zeit und kann mir problemlos einen Sitzplatz in der Tram sichern. Bei jeder weiteren Station füllt sich der Zug bereits deutlich sichtbar mit Fans. Als wir das Stadion erreichen ist das Gefährt dem Bersten nahe. Mit den Fans gehe ich den Berg hinauf, an dessen Fuß mich der Herr aus Nürnberg am Vortag angesprochen hatte.
Mein Weg führt mich am Eingang zum Gästeblock vorbei. Nur ein Bus mit Sigma Olmütz - Anhängern hat sich auf den Weg nach Prag gemacht. Ausnahmslos alle männlich und im klassischen Ultra-/Hooliganlook: Kapuzenpullover, Gürteltasche, Jeans und Sneaker. Auch hier sind wie sonst überall in Europa die üblichen Marken vertreten. Normalos mit Schal oder Trikots sind nicht zu sehen.

Kaum habe ich das Stadion betreten, bekomme ich Hunger. Cateringbereiche, die unsicher machen, ob man sich in einem Fußballstadion oder bereits in der Kölnarena befindet, kennt man 2004 bei Slavia noch nicht. Die Würstchenbude ist schnell gefunden, von ihr gehen riesige Rauchschwaden aus, man hat es gerne ein wenig rustikaler.
Der Gesamtzustand des Stadions lässt sehr zu wünschen übrig. Der Sitzplatz zu meinem Ticket ist nass und völlig verdreckt. Ich verfolge das Spiel im Stehen. Wie fast alle Zuschauer entscheide ich mich gegen die Plastikschale und halte mich stattdessen die komplette Partie über zwischen Bierstand und Würstchenbude auf.
Neben mir sind weitere Deutsche im Stadion. Ich entdecke 15 bis 20 Bayern, größtenteils in Tracht gekleidet. Ich finde so was immer peinlich - als ob sie zu Hause so rum laufen würden. Man könnte meinen, dass sie nicht in der Lage sind, ihre Heimat in einem anderen Outfit zu verlassen. Und das schlimmstmögliche Ende vom Lied ist, wenn dann überall im Ausland davon ausgegangen wird, dass sich alle Deutschen so kleiden.
Ich gebe mich nicht als ihr Landsmann zu erkennen und belausche stattdessen ihre Gespräche, das macht einen riesigen Spaß! Sie sind auch wegen der Eishockey-WM in Prag. Zum Glück waren sie nicht auch noch beim Vormittagsspiel, dass hätte mich ein wenig gewurmt, wenn sie mir die Exklusivität genommen hätten, ein tschechisches Zweitligaspiel ausschließlich mit Rentner zu verfolgen.
Neben uns verlaufen sich 4.000 Zuschauer im Stadion, es ist spärlich gefüllt. Im Trikot von Slavia Prag ist ein alter Bekannter aus der Bundesliga zu sehen. Pavel Kuka, der ehemalige Publikumsliebling vom 1. FC Kaiserslautern erhält hier sein Gnadenbrot.

Das Spiel ist recht ansehnlich. Bereits vor dem Anpfiff wird mir jedoch klar, dass es noch einen zweiten Schauplatz gibt, der nicht zu verachten ist und das Match zur Nebensache macht. Die Rede ist vom Gästeblock. Die fünfzig Jungs aus Olmütz machten mit ihren Sonnenbrillen und Kapuzenpullovern bereits vor dem Stadion einen leicht gereizten Eindruck auf mich. Jetzt lassen sie ihren ganzen Charme spielen.

Was sich ab dem Entern des Auswärtsbereichs abgespielt hat, habe ich so extrem noch nie erlebt. Sofort geben sie Vollgas. Sie rennen die Stufen nach unten bis zum Zaun. Einige geraten ins Straucheln, da der Block ausschließlich mit Sitzplätzen ausgestattet ist und immer wieder unpraktische Plastikschalensitze im Weg stehen. Es wird geschrien, gepogt und an allem gezerrt und gebogen was gerade greifbar ist.
Eine gleiche Anzahl Polizisten in kompletter Gefechtsausstattung baut sich schließlich am oberen Ende des Blocks auf. Während die ersten Schalensitze auf die Laufbahn fliegen und Zäune umknicken, bleiben die Beamten entspannt und schauen sich das Geschehen aus sicherer Entfernung an.

Auf dem Platz passiert wenig nennenswertes, Kuka ist der überragende Spieler.

Im Gästeblock geht es weiter schwer zur Sache. Die Polizei hat ein Einsehen mit den aufgebrachten Herrschaften. Zeitgleich mit dem Halbzeitpfiff räumt sie unter Einsatz von Schlagstöcken den kompletten Bereich bis auf den letzten Mann. Anderswo beschränkt man sich auf Fanspiele oder Cheerleader um die Halbzeitpause zu überbrücken…

Ungläubig blicke ich zum Gästeblock. An der Stelle, an der eben noch das große Spektakel tobte, klafft nun gähnende Leere. Somit kann ich mich in der zweiten Hälfte auf das Spiel und Pavel Kuka konzentrieren.
Von den Slavia-Fans bekomme ich wenig mit. Sie sind hinter dem Tor zu meiner Linken untergebracht. Optisch werden ein paar Zaunfahnen geboten, akustisch kommt nicht viel.

Abpfiff. Abmarsch aus dem maroden Betongebilde, dessen beste Zeiten längst vergangen sind, das aber dennoch besonders in der heutigen Zeit eine besondere Ausstrahlung hat. Der Rückweg verläuft, wegen des Sieges der Heimmannschaft und der nicht mehr vorhandenen Gästeanhänger, absolut ruhig.

Weiter mit dem Linienbus in die Innenstadt und dann mit der U-Bahn zum Eishockey-Spiel Deutschland gegen Kasachstan.

Das Coverfoto entstand in Moskau. Das Autorenfoto wurde von einem polnischen Fußballfan vor dem Nationalstadion in Warschau aufgenommen.
Was unter „üblichem Hochglanz" bei einem EM-Spiel zu verstehen ist und wie viele Würstchen von mir im Laufe dieses Buches verspeist wurden fragte sich Anne Walenzik.